The Rules of People

Richard Templar

できる人の人を動かす方法

リチャード・テンプラー
桜田直美　訳

Discover

できる人の人を動かす方法

The Rules of People

THE RULES OF PEOPLE
by
Richard Templar

はじめに

私はこれまでにたくさんのルールについて書いてきた。これらのルールは、私自身の人間観察から生まれた、幸せと成功を実現する確実な法則だ。その数は全シリーズを合わせると数百にもなる。

現在、これらのルールは、世界五〇カ国を超える国の読者に、幸せと成功を手に入れる法則として役立てていただいている。

ルールには、行動原則もあれば、実行すべきこともある。さらには、ものの見方や考え方についてのルールもある。これらを自分自身のものとして、日々の習慣に取り入れられれば、最高の人生を実現する可能性は飛躍的に高まるはずだ。

しかし、ここで白状しなければならない。

これまでの私のルールには、欠点があった。それは「他人の存在」だ。

他人を動かすことは本当に可能か？

自分の思考や行動を完璧にコントロールしても、あるいは、完璧な計画を立てても、他人にすべてを狂わされる危険はつねにある。

当然だが、他人はあなたではない。他人を思い通りに動かすことは、誰にもできない。それでも、幸せと成功を手に入れられた人は、周囲の人に恵まれていたのかもしれない。

そこで本書の出番になる。

本書を読めば、他人を動かすのは、実はそれほど難しくないということがわかる。他人に効果的に働きかけることで、自分にとっても相手にとっても利益になる行動をさせることは十分に可能だ。

今までの人生をふり返り、いちばん楽しかった経験を思い出してみよう。それはたいてい、誰か他人と息が合って、最高の共同作業ができた瞬間であるはずだ。

反社会的サイコパスでなければ（本書を手に取ったあなたはサイコパスではない。私は確信している）人は周りの人が幸せなときに、自分も幸せを感じるようにできている。

つまり、他人にいい人生を送ってもらうほど、自分もさらにいい人生が送れる――これが人間という社会的動物の真実だ。

さて、ここで問題となるのは「あなたの周囲の他人をどう幸せにするか？」だ。

いつも威張っているきょうだい。いつも不機嫌な同僚。いつも怒っている上司……。

本書のルールで、彼らの問題すべてを解決することはできないかもしれない。しかし、あなたと一緒にいる時間だけは、いつもより幸せな気分にさせることはできる。そうするためのカギは〝あなたの態度を変えること〟にある。

もう何年も前になるが、会社の同僚にかなり難しい性格の男がいたことがある。彼のせいで、毎朝会社に行くのが憂鬱だった。彼も私を嫌っていた。どちらも大人としてのマナーは守っていたが、雰囲気の悪さは一目瞭然だった。

良識ある同僚が見るに見かねて間に入ろうとしたことをきっかけに、私は彼への接し方を変えることにした。そして、嬉しいことに彼も同じようにしてくれた。

それまでと変わったのは彼と私の態度だけだ。しかし、お互いに態度を少しだけ変えたことで、お互いを見る目が一変した。

安っぽい映画のような話だが、彼と私は固い友情で結ばれた。それからは、お互いに転職し、住むところが離ればなれになっても、ずっと連絡を取り合っている。

この経験から、自分自身の態度を変えれば、他人の態度も変えられるということを学んだ。あれから数十年の月日が流れたが、同じような例を数え切れないほど目にしてきた。ある一人の人が自分の態度を変える。それだけで、周囲の人たちに変化が起こるのだ。


誰もが毎日、さまざまな人と関わっている。たとえば、同じ職場の人なら、さっぱりとした付き合いがしたいと思う人は多いだろう。

対してごく近い間柄の人の場合は、表面上の付き合いで終わりにすることはできない。友達というのは、一緒にいるのが楽しいから一緒にいるのだが、ときには心配させられたり、イライラさせられることもある。

買い物に行くたびにおしゃべりをするなじみの店の主人、あなたの猫を嫌っている隣人、契約交渉中のクライアント、ランニング・サークルのリーダー、かかりつけの歯科医、子供の担任の先生……。

こういったさまざまな人たちを〝あなた自身の態度を変える〟ことで動かすのだ。こちらが彼らにとって気持ちのいい人になれば、彼らも同じようにしてくれる。単純なことだ。

人はそれぞれ独自の人生を送っている。性格も、置かれた環境も、考え方も違う人たちを動かす方法などあるのだろうか。

その答えは〝あなたが思うほど、他人とあなたは違う存在ではない〟ということだ。たしかに違いはある。しかし、それは決定的な違いではない。基本的な指針・原則・戦略（つまりルールだ）は、どんな人間関係にも応用することができる。

本書の構成

本書は4部構成になっている。

1章では、人間を理解することについて述べている。

私たち人間は、どんなことをされると嬉しいのだろうか？　私たちはみな、一皮むけばだいたい同じ。人間という存在の基本を理解していれば、日々出会う個別の人たちへの正しい対応もわかるようになる。

2章は、周りの人々を助ける方法だ。

人は、自分の周囲の人にはいい気分でいてもらいたいものだ。つまり、周囲の人に何よりも望むのは、不幸であるよりも幸せであってもらいたいということ。今日は出会った人すべてに最善を尽くしたと確信できれば、夜もぐっすり眠れるだろう。

3章では、人を味方につける方法について見ていく。日常で接する相手のほとんどは、敵にするより味方になってもらいたい人だ。彼らを味方につけることで、自分の人生を生きやすくしたい、あるいは、売上げを伸ばしたい、決断に賛成してもらいたいといった願いがあるはずだ。

人をいい気分にして、味方につける方法はたくさんある。もちろん、ルールの実践者である私たちは、他人を操ることが目的ではない。

目指すところは、相手が自分の意思で私たちの味方になることだ。正確に言えば、敵も味方もない。ルールとは、人間の幸せと成功にとって普遍的なものだからだ。

4章では、難しい人たちとの付き合い方を考える。

どうしても扱いの難しい人が存在するのもまた事実だ。たまたま機嫌が悪い人から、つらい人生が理由で難しい人まで（さらには、特定の原因はないのに、ただ困った人物もいる）事情はどうであれ、難しい人の扱い方を知っておくのは大切なことだ。ここでは、難しい人たちから最高の部分を引き出す方法がわかるはずだ。

他人を動かす基本的ルールは、本書で網羅していると自負しているが、これがすべてだとは断言できない。あなた自身のルールがあるという人は、ぜひ私のフェイスブック（www.facebook.com/richardtemplar）に投稿していただきたい。すべてにお返事するとは約束できないが、投稿はすべて興味深く読ませていただいている。

リチャード・テンプラー

できる人の人を動かす方法　もくじ

はじめに……3

The Rules of People

1章　人間を理解するための31のルール

ルール1　人を理解するだけで楽になる……20
ルール2　自分を基準に他人を判断しない……22
ルール3　人は自分が聞きたいことだけ聞く……24
ルール4　説得で意見を変えることはできない……26
ルール5　自分の態度の影響力を自覚する……28
ルール6　第一印象を覚えておく……30
ルール7　人は群れの利益を優先する……32
ルール8　誰もが「あなたには価値がある」と言われたい……34
ルール9　からかいを愛情表現だと受け入れる……36

ルール10 いじめかどうかは受け手が決める……38
ルール11 隠された不安に敏感になる……40
ルール12 人は変わらないことを前提にする……42
ルール13 性格は変わらなくても態度は変えられる……44
ルール14 他人の人間関係は理解できない……46
ルール15 自信のある人は偉ぶらない……48
ルール16 問題をオープンにする雰囲気を作る……50
ルール17 緊張している人を応援する……52
ルール18 怒りの奥の悲しみに目を向ける……54
ルール19 泣いているから悲しいとは限らない……56
ルール20 何の意図もない可能性を考える……58
ルール21 適性に合った仕事を選ぶ……60
ルール22 リア充の人生が楽しいとは限らない……62
ルール23 問題のない年齢などない……64
ルール24 子供は手本から学ぶ……66
ルール25 年齢にふさわしい責任を与える……68
ルール26 子供の気持ちは誰にもわからない……70
ルール27 何でも話せる環境を確立する……72

ルール28 本気で子供の話を聞く……74
ルール29 謝罪させることにこだわらない……76
ルール30 反抗心を見きわめる……78
ルール31 〝変な人〟に話しかける……80

The Rules of People

2章 人を助けるための18のルール

ルール32 自分がおぼれるなら助けない……84
ルール33 相談する人は共感を求めている……86
ルール34 相手の感情を否定しない……88
ルール35 解決策を考えないで話を聞く……90
ルール36 できない約束をしない……92
ルール37 不幸の比較をしない……94
ルール38 アドバイスをしない……96
ルール39 相手の決断を100%受け入れる……98
ルール40 人生のコントロール権を奪わない……100
ルール41 質問で決断を助ける……102

ルール42 質問で相手の本音を探る……104
ルール43 本当の問題に目を向ける……106
ルール44 イエス・バットゲームに付き合わない……108
ルール45 元気のない人を励まさない……110
ルール46 孤独とは人間関係のことではない……112
ルール47 相手が話さないことを尊重する……114
ルール48 見知らぬ人に笑顔を向ける……116
ルール49 助けを拒否する人を理解する……118

The Rules of People

3章 人を味方につけるための30のルール

ルール50 忠誠心を要求しない……122
ルール51 小さなことを覚えておく。無理なら記録する……124
ルール52 空っぽのお世辞を言わない……126
ルール53 効果的にほめる……128
ルール54 適切な用量を守ってほめる……130
ルール55 周囲の人の好きなところを見つける……132
ルール56 尊敬を勝ち取る……134

ルール57 ユーモアのある人になる……136
ルール58 自分の間違いを認める……138
ルール59 イライラするのは自分のせいだと考える……140
ルール60 周囲の人との共通点を探す……142
ルール61 相手に合わせた言葉づかいをする……144
ルール62 同意できる部分を探す……146
ルール63 自分のアイデアを人の手柄にする……148
ルール64 「あなたは間違っている」と言わない……150
ルール65 協力するチームを築く……152
ルール66 自分の弱さを見せる……154
ルール67 チームで情報を共有する……156
ルール68 感謝の達人になる……158
ルール69 やる気が出るポイントを刺激する……160
ルール70 建設的に批判する……162
ルール71 相手の感情に同意する……164
ルール72 相手に勝たせてあなたも勝つ……166
ルール73 複数の変数で交渉する……168
ルール74 ギブ・アンド・テイクで交渉する……170

ルール75 譲れない点をはっきりさせる……172
ルール76 交渉条件の後出しを許さない……174
ルール77 相手の逃げ道を用意する……176
ルール78 不安を交渉相手に悟らせない……178
ルール79 不意打ちを許さない……180

The Rules of People

4章 難しい人に対処するための21のルール

ルール80 あなたが変えられる人はあなただけ……184
ルール81 相手の恐怖を想像する……186
ルール82 いじめの心理を理解する……188
ルール83 話を聞いていることを伝える……190
ルール84 ネガティブな人の役割に目を向ける……192
ルール85 コントローラーの言いなりにならない……194
ルール86 心理的脅迫に屈しない……196
ルール87 嫉妬は相手の問題だと割り切る……198
ルール88 無知な人の偏見に傷つかない……200
ルール89 不幸アピールに中立を保つ……202

ルール90 繊細な人に繊細に接する……204
ルール91 話を聞かない人の話を聞く……206
ルール92 受動的攻撃を見抜く……208
ルール93 上から目線に冷静に対処する……210
ルール94 ナルシストと距離を取る……212
ルール95 グチを言う人に問題解決に参加させる……214
ルール96 グチの競争に参加しない……216
ルール97 秘密を聞き出そうとしない……218
ルール98 勝ちへのこだわりを捨てる……220
ルール99 巧みに人を操る人に「ノー」と言う……222
ルール100 難しい人に忙しくしてもらう……224

1
章

人間を
理解するための
31のルール

The
Rules
of
People

車の構造を知らなければ、故障したときに修理はできない。
基本的な仕組みがわからない人にできることは何もない。
しかし、構造を知っていれば、目的地に着ける可能性は高い。

人間も同じだ。基本的な仕組みを理解すれば、
人を動かすことは簡単になる。

何が人を動かすかがわかれば、人付き合いは円滑になる。
その行動があなたにとって不都合な場合も、
本人にとって不都合な場合も、またその両方の場合も、
行動を望ましい方向に変えることができる。

難しい話は一切出てこないので、安心してもらいたい。
すべてごく基本的な人間観察から生まれたルールだ。
あなた自身も思い当たることが多々あるはずだ。

ルール1

人を理解するだけで楽になる

何に不安を感じるか、何にストレスを感じるかといったことは、人によって違う。何にワクワクし、何を冷めた目で見るのか。どんなときにリラックスして、どんなときに怒り、どんなときに自信を感じるのか――行動パターンは人によってさまざまだ。

それらは遺伝で決まるのかもしれないし、過去のトラウマで決まるのかもしれない。フロイト説を信じるなら、すべては幼児期の体験のせいかもしれない。

地球に存在するすべての人は、例外なく過去の経験によって形作られている。だから、友達に裏切られたり、パートナーに自分の誕生日を忘れられたりしても、相手にも事情があるということを思い出そう。くだらない事情かもしれないが、それでも事情は事情だ。

誰かにイヤな思いをさせられても、その人の事情を理解できれば、こちらの気持ちも楽になる。**たとえ相手の行動は変えられなくても、理解できれば不快感は減る**のだ。

こちらが理解を示すだけで、相手が行動を変えることもある。

たとえば、上司の態度に困っているとしよう。その上司は、仕事が予定より遅れるとすぐイライラする。ただのランチミーティングでもそうだ。あなたのせいでもないのに、なぜか上司はイライラをあなたにぶつけてくる。

しかしここで、上司には何かトラウマがあるのかもしれないと考えてみよう。

父親が厳格で、何かに少しでも遅れるだけで激しく叱責されていたのだとしたら？

もしかしたら前の仕事で、期限を守れず、昇進を逃したのでは？

そう考えれば、同情の気持ちが湧いて、できることなら力になりたいとも思えるのではないだろうか。

ここではっきりさせておこう。私はなにも、八つ当たりする上司の弁護をしているのではない。どんな事情があろうと、他人にイライラをぶつけるのは間違っている。ネガティブな感情は自分の中で処理しなければならない。

このルールは、八つ当たりのターゲットにされている人のために存在する。相手の事情を理解するのは、相手のためではない。自分の身を守るためだ。

ルール２

自分を基準に他人を判断しない

以前、職場で隣の席だった人は、異常なまでに几帳面だった。机の上をいつでもきちんと片づけていないと気がすまないタイプだ。

ファイルをきれいに並べ、マグカップは必ずコースターの上に置く。ペンも、穴開けパンチも、クリップも、すべて置き場所が決まっていた。書類はすぐにファイルする。メモを書くペンの色はいつも同じ。すべてのメールは、決められた分類法で色分けして保存する。ＴｏＤｏリストは、優先順位に応じて決まったマークがつけられている。

私にはこうした几帳面さが耐えられなかった。彼は融通が利かず、途中で方向転換ができない。不意にいいアイデアが浮かんでも、予定外のものは一切受け入れない。

しかし、何か緊急事態が起こり、関係する書類が必要になったら、頼りになるのは彼しかいない。みんなが忘れたことも、彼だけは絶対に覚えている。イベントやプロジェクトの準備も、彼ほど効率的にできる人はいなかった。

正直に告白すると、私はかなり長い間、内心あの同僚をバカにしていた。私はアイデアが豊富で、よその部署を巻き込む力もあり、臨機応変に動けるが、彼は違う。

時間はかかったが、私もだんだんと理解した。彼のスキルも、私のスキルと同じくらい貴重なのだ。優劣はない。ただ違うだけだ。

自分を基準に考えて、自分と違う人を間違っていると考えてしまうことがある。

たしか私が一二歳ごろのことだ。友達の家に泊まったときに、自分の家とは違う歯磨き粉を使っているのを見て「なんでこんな変な歯磨き粉を使っているのだろう？　うちの歯磨き粉のほうがいいに決まっているのに」と感じたことがあった。

あなたにも身に覚えがあるはずだ。誰かにイライラさせられると、もう相手が悪いとしか思えなくなってしまう。しかし冷静になってみれば、ただ自分とは合わないというだけだ。

自分が気に入らないからといって、相手が間違っているわけではない――相手の最高の部分を引き出したいなら、この原則を忘れてはいけない。

私自身も、あの同僚と私の違いを受け入れ、納得してからは、彼のことが自然と好きになり、彼の長所を認められるようになった。

ルール3

人は自分が聞きたいことだけ聞く

人間というものは、自分の聞きたいことだけを聞き、聞きたくないことは耳に入らないようにプログラムされている。イライラしてもしょうがない。ただ「そういうものだ」と思っておくしかない。

上司に、期限までに報告書を提出できない理由を説明しているときでも、母親に、一緒に家族旅行に行くのは無理だと説明しているときでも、つねにアンテナを立てて、相手が本当にこちらの話を聞いているか確認すること。

もし聞いていなさそうだったら、さらにわかりやすく説明する。

「資料が届くのは月末です。それまで具体的な数字は出せません」

それでも相手が納得しないなら、次はこちらから質問する。

「最新データについては推測でよろしいですか？」

人は質問されると考えるようにできているから、今まで目をつむっていた問題と向き合

わざるをえなくなる。

話は、簡潔に、具体的に伝えること。長々と話してはいけない。悪い例を紹介しよう。

「問題はですね、おわかりだと思いますが、月末はいろいろと大変なんですよ。つまり、資料が届く日と締め切りが近すぎますし、データの計算には時間がかかります。ご希望の期限までに報告書を出すのはかなり難しいと思います」

次にいい例だ。もし可能なら、書いて伝える。

「月末までに報告書を仕上げるのは不可能です。来月五日に提出します」

相手の心理が理解できれば、話を聞いてもらうのはより簡単になる。

たとえば、家族旅行に参加しないことを伝えるなら「お母さんが残念なのはよくわかる。私も残念だけど、今年はお金がないからどうしても参加できないの」と言う。

相手はきっと「難しいとは聞いていたけれど、本当に無理とは思わなかった」などと言うだろう。そしてあなたは「言ったじゃない!」と、頭をかきむしることになる。あなたは言ったつもりでも、相手は聞いていなかったのだ。

このルールはもちろんあなたにもあてはまる。あなたもまた、自分の聞きたいことしか聞いていない。それを知っておいて損はないだろう。

ルール4

説得で意見を変えることはできない

最近、おもしろい調査の記事を読んだ。

ある政治的な問題について、対立する意見を持つ人を集めて2グループに分ける。それぞれに、その問題に関する客観的調査データを渡す。すると、どちらのグループも、自分の意見を裏付けるデータだけを信じたという。

人が何を信じるかは、その人の世界観によって決まる。その世界観は、育った環境、過去の経験、誰を重視し、自分をどう見ているか、といったことで決まる。

政治問題で激論になったときに、相手が自分の間違いを認めたことが今まであるだろうか。「たしかにあなたの言う通りだ。私は意見を変えるよ」という言葉を、最後に聞いたのはいつだろう？　そんな言葉を聞ける可能性は、ほぼないと言っていいだろう。

私たちは、まず直感で何を信じるか決める。それから自分の信念を裏付ける証拠を探す。

ただし、本人はこうした心の動きを自覚していない。自分の意見は客観的に正しく、相手の意見は客観的に間違っていると思い込んでいる。

政治と宗教の話はしないほうがいいと昔から言われているが、それにはもっともな理由があるということだ。言葉、客観的事実、データといったものに人の意見を変える力はない。たいていの場合、こちらが何をしても相手の意見は変わらない。


もちろん、人は絶対に意見を変えないという意味ではない。ただ人に言われて変わることはないというだけだ。変わるなら、自分の経験から変わらなければならない。

あなた自身も、今までに根強い思い込みが変わった経験があるはずだ。ふり返ってみよう。保守主義からリベラルに鞍替えしたのは、何がきっかけだったのか。いつから中絶の権利を認めるようになったのか。

ピーナッツバターのおいしさに目覚めたのはいつだったか。

他人に説得されて意見を変えたことは何回あっただろう。おそらく一つもないはずだ。

今度、誰かと議論になり、相手の言い分がバカげていて、非論理的で、何の根拠もないと感じたら、このルールを思い出そう。

私はなにも、自分の意見を主張してはいけないと言っているのではない。ただ、他人を説得して、意見を変えさせられるという希望は持たないほうがいいと言っているだけだ。

ルール5

自分の態度の影響力を自覚する

相手がこちらの話を聞いていないと感じると、誰もが腹を立て、軽んじられたと感じ、イライラする。

もちろん、こんなことは、あなたがいつも意識して感じていることだろう。しかし、あなた自身が相手に与える影響は、いつでも意識しているだろうか。

生産的な人間関係を望むなら、あなたの態度の影響を自覚しなくてはならない。

あなたがケンカ腰の態度なら、相手もそうなる。

人に踏みつけにされてイジイジしているなら、他の人からも同じように踏みつけられる。

難しい仕事を自信がある態度で引き受ければ、人は安心してあなたに仕事をまかせる。

他人から何か特定の反応を引き出したいなら、まずあなたが、その反応を引き出すような態度を見せなければならない。

友達がいつもやりたくないことをむりやりやらせようとすると感じているなら、あなたの言動のどこかに、友達を高圧的にさせる何かがあるのかもしれない。あなたは、いつも相手の顔色を見て、丸め込まれていないだろうか。

何かを変えたいなら、自分から動かなければならない。今度やりたくないことを押しつけられそうになったら、意識してきっぱり「ノー」と言うようにしよう。

会議で発言するときに、おどおど話すせいで損をする人はたくさんいる。自信がない、経験が足りない、能力がない、といった印象を与えるからだ。周りの人はそれを見て、無意識のうちに自分の反応を決めている。

そんなことは当たり前だと思うかもしれないが、注意して周りを観察してみよう。この原則がわかっていない人が、なんとたくさんいることか。

たとえば、子供が言うことを聞かないと言いながら、高圧的な態度を取り続けるような人だ。それでは子供が反抗的になるに決まっているではないか。会議で意見を通すために、攻撃的な態度を取る人もそうだ。相手を攻撃していい結果になることは絶対にない。

人はたいてい、自分の態度を自覚していない。あなたの態度が間違っていると言っているわけではない。ただ、自分の意見を通すには、態度がカギになるということだ。

ルール6

第一印象を覚えておく

以前に採用したある女性のことは、今でもよく覚えている。彼女は社交的で、経験豊富で、頭がいい。私が求めるすべての資質を備えていた。応募してきた人の中で彼女がいちばんの人材だった。しかし、何かが引っかかった。

仕事の初日、彼女はデスクを変えてほしいと言ってきた。私は彼女の要求を受け入れた。しかし、喜んで受け入れたわけではない。面接のときの第一印象を思い出していたからだ。もしかしたら彼女は、自分の要求がどこまで通るか試しているのではないか。

それから数ヵ月は万事順調で、彼女はたしかに優秀だった。私もそのころになると、あの気がかりな第一印象のことはすっかり忘れてしまっていた。

すると彼女は、今度は週四日勤務にしたいと言ってきた。この要求にも、もっともな理由があった。母親が重い病気で、介護が必要だという。そこで私は、彼女の要求を受け入れた。

そして半年がたった。すると今度は、一日の勤務時間を減らし、しかも週三日の勤務にしたいと言ってきたのだ。これはどう考えても無理だ。

私は「申し訳ないがそれはできない」と伝えたのだが、彼女は私の返事を聞くと「あなたの下で働くのはムリ」とその場で辞めた。私はあっけにとられてしまった。

第一印象はたいてい正しい。第一印象は間違っていたと思うような状態が何年も続いても、ある日突然、やっぱり正しかったと思い知らされることになるのだ。

とはいえあの社員も、辞めるまではすばらしい仕事をしてくれた。たしかに辞め方には問題があったが、トータルで見れば利益のほうが大きかっただろう。だから今から採用をやり直すとしても、やはり彼女を雇うかもしれない。

第一印象を覚えておくことは大切だ。

結局は第一印象の通りにならなければそれでいい。すべてを見通せる人などいないのだから。しかし、**万が一問題が起こったら、第一印象を頼りにすることができる。**

ちなみに、これは逆の場合もある。一見すると気むずかしそうな人だが、実は誠実だったり、仕事熱心だったり、心が広かったりするかもしれないという印象を持つこともある。この第一印象も覚えておいて、もしものときに役立てるようにしよう。

ルール7
人は群れの利益を優先する

人間には、どこかに帰属したいという欲求がある。

あなたが属している〝群れ〟には家族、町、地方、国などがある。学校、会社、地元のスポーツジム、SNSのグループなどに属している人もいるだろう。

人は自分が属する群れに忠実だ。群れの一員として受け入れられていると感じるからこそ、群れに対して忠実になれる。

当然ながら、忠誠心や帰属意識の強さは、所属するグループで差がある。たいていの人は、家族に強い絆を感じている。地元への帰属意識もかなり強い。

国への帰属意識は、家族や地元に比べれば小さくなるだろう。会社の場合でも、チームから部署、会社全体というように範囲が広くなるほど絆も弱まる。

たとえば、会社にとっていいことが、自分の部署にとっては悪いことだとしたら？

国にとっていいことが、自分の住む街にとっては悪いことだとしたら？

そんなとき、たいてい人は、より身近なグループの利益を優先することになる。**人は世界平和のために、地元が損をすることは受け入れられない**のだ。全体の利益のために自分の群れの利益が脅かされると感じたら、全体の利益を支持するのは難しい。

違う群れに属する人に、こちらの利益を支持してもらいたいのなら、まず彼らにもこちらの群れの一員だと感じてもらわなければならない。

小売店のポイントカードは、この心理をうまく活用している。顧客を自分のグループの一員にして、忠誠心を引き出しているのだ。

私はここで、この戦略の是非を問いたいわけではない。他人の行動を理解し、自分の望み通りに動かしたいのなら、こういったことも理解しておくことが必要だと言いたいだけだ。

イギリスのEU離脱も、究極的には自分の群れを優先した結果だ。自分が属する対象として、大陸ではなく、より近くにある国を選んだということになる。これは政治の話ではなく、その背景にある人間心理の話だ。

ルール8

誰もが「あなたには価値がある」と言われたい

自尊心の低さは、不幸の大きな原因となる。横暴で支配的な問題行動も、たいていは自尊心の低さが原因だ。自尊心の低さは、精神的な病気につながることもある。

誰でも、長い人生で自信があるときもあれば、ないときもある。あなたの両親は、子育ての最中に、自分の価値を疑うことはなかったはずだ。しかし、子供が自立して、自分も仕事を引退すると、自分の存在価値を疑うようになるかもしれない。

思春期の子供も、自分の価値で悩むことが多い。特に欧米では、社会や家族への貢献を求められるので、なおさらこの葛藤が大きくなる。休みの日にアルバイトをしたり、家の手伝いをするのは、子供たちの自尊心を高めるためでもあるのだ。

あなたは他人の自尊心に責任を持つ必要はない。とはいえ、「自分には価値があると思いたい」という人間心理を理解しておくのは役に立つ。

いつも自信満々に見えるあの同僚も、実は〝自分の価値を認めてほしい〟という承認欲求を抱えている。だから、何かで自尊心が傷つけられたりしたら大きく落ち込むことになる。たとえ周りから評価されていても、多くの人はそれに気づかない。特に何らかの理由で自信を失ってしまった場合、どんなにほめられても自尊心は低いままだ。

ほとんどの人が「あなたには価値がある」とはっきり伝えてもらうことを求めている。誰かをすごいと思ったり、ありがたいと思ったりしたら、相手にわかるようにそれを伝えよう。

ただの「ありがとう」でもいいが「どうもありがとう。こんなに早く仕上げてくれるなんて驚きだ。本当に助かったよ」などと、具体的に伝えるほどいい。ただの「ありがとう」は何も言わないよりはましだが、ほんの少しだけましという程度だ。

人に何か協力してもらいたいときも、この心理を覚えておくと役に立つ。それをすることで自分の価値が上がると感じられるなら、相手は喜んで協力してくれるだろう。これがウィン・ウィンということだ。

誰かのおかげで助かったなら、それをきちんと伝えるようにしよう。相手はその気分のよさを味わうために、今後も気持ちよくあなたに協力する。まさにいいことずくめだ。

ルール9

からかいを愛情表現だと受け入れる

からかわれるのが嫌いな人は多い。たしかに誰かをからかうときは、たいてい失敗や欠点をネタにするので、それも無理のないことだろう。時間に正確とか、几帳面な性格など、普通なら長所になることをネタにしてからかう人もいる。

からかいも度が過ぎるといじめになる。いじめもまた、ある人の欠点とされるところをネタにして笑う行為だが、からかいといじめはまったく別物だ。違いを説明しよう。

いじめの目的は、相手にイヤな思いをさせることだ。相手を喜ばせようという気持ちはまったくない。対して**からかうのは一種の愛情表現であり、好きな人にしかしない。**

自分が今までにからかった人を思い出してみよう。家族、友人、仲のいい同僚などではないだろうか。人は嫌いな人をからかったりしない。からかうのはあくまで好きな人だけだ。

からかわれるのが嫌いな人も、この事実を理解すれば、たいてい受け入れられるようだ。一種の愛情表現だとわかれば、からかわれるのがむしろ楽しくなる。

そもそも、からかうのは相手が好きだからなので、相手の本当の欠点をネタにすることはない。実は意地悪なのではないかという印象を与えたくないからだ。

たとえば、ドタキャンをくり返す友人に、この点を本当に直してほしいと思っているなら、からかいのネタにせずに、真面目に話すはずだ。

何かでからかわれても、本気で気にする必要はない。

たとえば、毎日二日酔いで会社に来ると同僚にからかわれるのなら、それは事実ではないか、または相手がおもしろがっているということになる。もし本気で問題だと思っているなら、からかいのネタにはせずに、真剣に忠告してくるはずだ。

もちろん、相手はからかっているつもりでも、本当に傷つくこともある。そんなときは、そのことでからかうのはやめてほしいと相手に伝えよう。相手の好意が本物なら、あなたの訴えをすぐに聞き入れるはずだ。

からかうのが許されるのは、そこに愛情があり、相手を傷つけることではないからだ。

しかし〝ちゃかす〟場合は、相手を傷つけ、いじめていると解釈される可能性がある。

私はこの〝ちゃかす〟という言葉を、相手を笑いものにしてイヤな気持ちにさせる行為という意味で使っている。〝いじめ〟との違いは、ちゃかしている本人には悪気がない点だ。

ルール10
いじめかどうかは受け手が決める

いじめかどうかを客観的に判断するのは難しい。たとえば職場の人に、冗談でバカにするようなことを言われたとする。あなたは別に気にならず、一緒におもしろがっていた。しかし、その同じ職場の人が、あなた以外の人にまったく同じことを言った場合、言われた人は、深く傷つくかもしれない。このような場合、いじめかどうかの判断は難しい。言った人に悪気はなかったのだが、現に誰かを傷つけてしまった。

気をつけなければならないのは〝何をどんなふうに言うか〟だけではない。〝誰に言うか〟ということも、よく考える必要がある。

たしかに混乱するかもしれないが、基準は受け手によって決まるのだからしかたがない。誰かにとっては笑える言葉も、他の人にとっては深く傷つく言葉になる。あなたにはその背後にある理由はわからないし、相手の反応を事前に知ることもできない。

つまり、こういうことだ。からかって笑いを取ろうとするときは、相手の反応をよく見る。**相手が不快に思っているようなら、二度と同じことを言ってはいけない。**

友人の中に、こちらがイヤがるとわかっていてしつこく何かを言い続ける人がいるのなら、その人はいじめの領域に入っているということだ。

仲間内の〝ちゃかし〟は、最悪のケースになることがある。誰か一人をターゲットにして、仲間の結束を強めるような目的に使われた場合、いじめに発展する危険がある。

こうしたケースが深刻になりやすいのは、被害者が声を上げることはないからだ。あなたは、自分の仲間内でこのような事態にならないように注意しなければならない。

いじめには加わらない。そして、やめさせるように努力する。もちろん簡単なことではない。しかし、それでもやらなければならないのだ。

ルール11 隠された不安に敏感になる

仕事でプレゼンをまかされたことはあるだろうか？

人前でのプレゼンはかなり緊張するものだ。上司や、上司の上司を感心させなければならない。心配が次から次へと襲ってくる。重要な仕事だから、そうなるのも当然だ。

とはいえ、プレゼンがまるで苦にならないように見える人もいる。自信満々で、気負いがまったく感じられない。まるで気軽な散歩でもしているような雰囲気だ。

しかし、あれはすべて演技だ。彼らもまた、あなたと同じくらい緊張している。それに、もしかしたらあなた自身も、他の人には冷静で自信満々に見えている可能性は十分にある。

たしかに、本当に緊張しない人も中にはいるが、あなたが思っているよりもずっと少数派だ。あなたが緊張のあまり過呼吸になって気絶しそうになるレベルだとしても、自分と同じような人はかなりいると思って間違いない。

プレゼンで緊張しないという人でも、他の場面では緊張している。生まれてから一度も緊張したことがないという人は存在しない。パーティで緊張する人もいれば、就職の面接で緊張する人もいる。病院に行くと緊張するという人もいる。

生産的な人間関係を築きたいなら、**どんなに自信満々に見える人でも、心の奥に不安な気持ちを隠している**ということを知っておく必要がある。

不安な気持ちは目に見えないかもしれないが、存在することは間違いない。いつも落ち着いている人が、ふとしたときにまったく予想外の行動を取ることもある。それはおそらく、ただ落ち着いて見えるだけで、本当は不安や自信のなさを抱えているからだ。

プレッシャーを感じて緊張すると、なぜか怒りっぽくなる人もいる。または、口数が少なくなったり、言い訳がましくなったりする人もいる。ウソ八百を並べてでも、恐怖の対象から逃げようとする人もいる。彼ら自身は、自分の不安に気づいていないか、または認めたくないのだろう。しかし、彼らの行動の裏にあるのは、間違いなく不安や恐怖だ。

人の心に隠れた不安に敏感になろう。そして不安を見つけたら、その相手に優しくする。そのつらさは、あなたもよくわかっているはずだ。

ルール12

人は変わらないことを前提にする

卵、小麦粉、バター、砂糖を混ぜれば、何らかのケーキができあがる。あなたが手を加える余地はあまりない。材料があらかじめ決まっているのなら、できあがるものは、ほぼ決まっているということだ。

これと同じことは人間にもあてはまる。遺伝子、育った環境、過去の経験という材料が決まっていれば、変えられる余地はほとんどない。

たいていの人は、自分がどんな材料でできているかを真剣に考えることはあまりない。そのため、自分の行動、反応、感情をコントロールすることなく、無意識で動いている。

他の人の行動を見て「あれは間違っている」と批判するのは簡単だ。あなたは、自分なら違う行動を選ぶと思うかもしれないが、彼らの選択肢はそれしかなかったのかもしれない。

あなたは彼らとは違う材料でできている。小麦粉と砂糖の代わりにチーズを入れればおいしいオムレツができあがるはずだが、材料が違う彼らにそれを求めることはできない。

私はここで、自由意志か、それとも決定論かという哲学的な議論がしたいわけではない。ここでの目的は、他人を理解することだ。そして大切なのは、人間を作る材料はみな違うということ。どんな行動を選ぶかは、材料によって決まるのだ。

だから、他人がいきなり自分好みに変身するなどと期待してはいけない。あなたがどんなにがんばっても、パートナーは相変わらず無責任で、上司は相変わらず部下に仕事をまかせないだろう。子供はお金にだらしなく、父親は愛情表現がまったくできず、姉はいつもあなたをけなすようなことばかり言うだろう。

そんな人たちを自分の思い通りにしようとしたら、こちらの頭がおかしくなってしまう。**相手のありのままの姿を受け入れれば、あなた自身もずっと楽になる。**他人を変えようとするのは、自分の頭をレンガの壁に打ちつけるようなものだ。

パートナーが変わらないと関係はうまくいかないというのなら、残念ながらその関係はうまくいかない。なぜなら、パートナーの態度は、その人の一部であるからだ。

もちろん、あなたのほうが、パートナーの態度を受け入れられる人に変わるという方法もある……あなたにそれができるだろうか？

ルール13

性格は変わらなくても態度は変えられる

このルールを読んで「よかった！　これで姉も批判をやめてくれるのね」と思ったのなら、それは大きな勘違いだ。理論的にはたしかに可能だが、簡単にできることではない。とにかくあなたの姉は、過去の経験やら遺伝子やらの影響で、批判するのが正しいと思い込んでいるのだ。姉にしてみたら「あなたのために言っている」というところだろう。

ここで肝心なのは、たとえ批判を口に出すのはやめたとしても、頭の中では批判しているということだ。他人の頭の中は、絶対に変えることはできない。

頭の中を変えなくても、態度を変えてもらえば十分だということはたくさんある。

いつも細々と指示ばかりしていた上司が、仕事をまかせてくれるようになったのなら、それで自分の勝利だと考えよう。内心どう思っているかなんて、気にしてもしかたがない。

ただし、本当に重要なプロジェクトが始まったときに、昔の上司に戻っても驚かないように。表向きの態度を変えただけで、根っこの部分は変わらないから、重要な局面になるほど、本心が表に出てくるだろう。

パートナーが極度にだらしないとしよう。何かを使ったら元の場所に戻すということを一切しないので、ものがすぐになくなる。

こうした場合、片づけられるようになるまでに苦労するかもしれないが、態度を変えることはできるかもしれない。ただし、急いでいたり、ストレスがあると昔の態度に戻るだろう。

人間の性格とは、経験からできている。態度を変えれば、それが新しい経験になる。もしかしたらパートナーも、整理整頓を心がけることで、片づいている部屋の気持ちよさに気づくかもしれない。上司も部下に仕事をまかせたことで、すべて自分で背負わなくてもいいという解放感を味わうかもしれない。そういった**新しい経験が積み重なり、いつか彼らの根本の性格も変わるかもしれない。**

もちろん、そうならない可能性もある。何か問題が起こり、上司の「仕事をまかせるのが怖い病」が前よりも重症になるかもしれない。

もし性格が変わらなかったのなら、あなたにできることは何もない。あるとしたら、あなた自身が態度を変え、もっと忍耐強くなることだ。

ルール14

他人の人間関係は理解できない

幸せそうなカップルも、実は不幸かもしれない。見えないところでDVなどの問題を抱えているかもしれない。

反対に、問題がありそうに見えるカップルも、本人たちは満足しているのかもしれない。この「満足」という感情も厄介だ。人間は、自分のためにならないものを求めることがある。

つまり、他人の人間関係は、外から見ただけでは何もわからない。

いくつか例をあげよう。すべて私の知っているカップルの実例だ。

・まったくケンカをせず、幸せそうに見えるカップル――どちらも争いが嫌いなだけで、問題は山のようにあったが、どう対処していいかわからないだけだった。

・いつもケンカばかりしているカップル――どちらも激情型で、感情を表に出し、その後で仲直りするのを楽しんでいた。むしろとても幸せなカップルだ。

・いつもケンカばかりしていて、片方だけが満足していたカップル――もう一人は本当につらかったが、その話題を持ち出すたびにまたケンカになっていた。

・片方が支配的な性格で、片方は黙って従っているカップル――支配されているほうも、相手に完全に依存できる関係に満足していた。

人間関係には二人の人間が必要であり、お互いに協力して関係を築かなければならない。幸せな人もいるだろう。あきらめて相手に従っている人、妥協している人、相手を攻撃することを選ぶ人もいるだろう。

どんな選択をしたにせよ、その選択で何らかの利益を得ているはずだ。知り合いのカップルの関係が理解できないと思ったら、そのことを思い出そう。

ルール15

自信のある人は偉ぶらない

自分の専門分野に絶対の自信を持っている人に会ったことがあるだろうか。たとえば、企業のリーダー、人気俳優、人気作家、人気コメディアン、スポーツのスター選手といった人だ。

自信と実力が本物であれば、そういう自分に満足しているから、虚勢を張る必要はない。そのため、たいてい彼らは気さくで、話しやすい人物だ。

反対に「自分はすごい」ということを必死に主張する人は、たいてい自信がなく、虚勢を張っていると考えて間違いない。本当の自分がバレたら舐められると恐れているので、大言壮語で自分を隠そうとしている。

たとえば、貧しい家庭で育ったことに劣等感を持っている人は、大金を手にするとやたらと見せびらかすようになる。自分は貧乏ではないということを証明するためだ。

ここで大切なのは、何らかの負い目があると感じているのは彼ら自身であり、その負い目のせいで下に見られると恐れているのも彼ら自身だということだ。

同じような境遇であっても、自力でのし上がった自分を誇りに思う人もいるだろう。しかしその一方で、どうしても貧しい育ちへの劣等感をぬぐえない人もいる。

やたらと難しい言葉を使うのも、一種の劣等感の表れだ。おそらくその人は、いい教育が受けられなかったことを気にしているのだろう。わざと難しい言葉を使って「自分はあなたが思っているほどバカではない」と必死になって伝えようとする。

実際のところ、仮に言葉遣いで人の知性を判断するなら、**頭がいいと思われるのは、複雑でわかりにくく話す人ではなく、簡単でわかりやすく話す人だ。**だからこそ、絶対の自信がある人は、難しい言葉で人を煙に巻こうとはしない。

貧しい家庭で育った人や、教育の機会に恵まれなかった人は、むしろ周りのサポートを受けるべき立場にある。それなのに、そのせいで周りから見下されると勝手に思い込んでいるとしたら、それは残念なことだ。

今度やたらと威張る人や、自慢する人に出会ったら、劣等感が原因だということを理解して、がまんして聞いてあげよう。

ルール16

問題をオープンにする雰囲気を作る

ある友人が、親戚の集まりでの出来事について話してくれた。親戚の間では、以前から外食にするか、それとも家で食べるかで意見が分かれていた。誰も料理はしたくないが、外食のお金を出すのが苦しい人もいる。

私の友人は、意見が分かれていることは知っていたが、口論になりたくなかったので黙っていた。しかし彼女の兄が、意見が分かれていて、そして彼女がそれを知っていたことを発見してしまった。兄は彼女に対してカンカンに腹を立てた。

そもそも友人が、対立をイヤがらず、問題があることを告げていたら、こじれることもなかったはずだ。対立を必要以上に避けると、さらに大きな対立を生んでしまうことがある。

黙っていて、対立を避けることができたとしても、そこには必ずマイナス面がある。解決すべき問題があるのに放置しているなら、問題は永遠に残ることになるからだ。

あなたの周囲の同僚、家族、友達に、あなたを怒らせるよりは不満を飲み込んだほうがいいと考えそうな人はいるだろうか。もしかしたら、あなたが怒りっぽくて、周囲を不安にさせているかもしれない。または、彼らが過剰に心配しすぎかもしれない。

いずれにせよ問題は、何が不満なのか言ってもらわないとわからないということだ。**不満をそのままにしておくと、彼らは、あなたを信用せず、正直にならず、協力もしてくれない。**

もうおわかりだろうが、あなたの役目は、自分からその話題を出すことだ。もちろん簡単ではない。そもそも何が問題かもわからない。しかも、少しでもきつい態度を見せると、相手はさらに黙ってしまうだろう。しかし、心配はいらない。いい方法があるからだ。

彼らの問題は、あなたの問題でもある。だから、彼らから問題を聞き出すのではなく、自分の問題を彼らに話すのだ。

「あなたが黙っていると、職場に問題があるのではないかと心配になる」というように話す。中立的で、理性的で、誰のことも責めないようにすれば、ただ友好的に話し合いたいだけだということを、相手に伝えることができる。

彼らだって、問題を解決したいと思っている。あなたがそのきっかけを作れば、きっと生産的な話し合いができるだろう。もしかしたら、彼らもいずれ、自分から問題があることを言い出せるようになるかもしれない。

ルール17

緊張している人を応援する

人は緊張すると、体が震えたり、汗が出たり、言葉がしどろもどろになったり、心臓の鼓動が速くなったり、体に力が入らなくなったりする。加えて、頭の中では最悪のシナリオがくり返し再生される。大失敗して恥をかく自分しか想像できない。

こんなふうになってしまうのは、あなたが本気になっていることの証拠でもある。本気だからこそ、緊張するのだ。そんなことは当たり前だと思うかもしれないが、おそらく緊張している最中は、緊張の原因まで頭が回らないものだ。

さてここで、どうでもいいと思っている試験を受ける場面を想像してみよう。ただ受けろと言われたから受けるだけで、試験のために勉強もしなかった。まったくの時間の無駄としか思えない――こんな状況で、あなたは緊張するだろうか？　もちろんするわけがない。

だから、極度に緊張している人を見ることがあったら「この人は本気なんだ」と理解しよう。その人は、スポーツチームの新しいメンバーかもしれないし、プレゼンを控えた同僚かもしれないし、あなたにアドバイスを求めてきた人かもしれない。

彼らが緊張しているのは、本気で取り組んでいるからだ。そして、本気になるのはいいことだ。**真面目で、やる気があり、向上心がある人だけが、本気になることができる。**

だから、緊張している人に優しくなろう。彼らに向かって「緊張するな」と言ってはいけない。彼らはきっと、あなたを失望させたと思って萎縮してしまうか、または自分の緊張で迷惑をかけていると恐縮してしまうだろう。

あなたの仕事は「緊張するな」と言うことではなく、緊張しないように手助けすることだ。彼らの成功をサポートし「緊張するのは本気の証拠。いいことだ」と伝える。

緊張している人が周りにいたら、彼らに「自分はできる」ということを思い出させてあげよう。一緒に予行練習をしてもいいし、初日から完璧である必要はないと伝えて安心させてあげてもいい。

ルール18

怒りの奥の悲しみに目を向ける

以前の知り合いに、ちょっとしたことですぐに腹を立てる人がいた。過去の出来事を話すときに「悲しくて腹が立った」とか「恥ずかしくて腹が立った」などと言う。つまり、最終的にはいつも怒っているのだ。

誰でも腹の立つときはあるが、人生の大半で怒っているような人がいる。つねに怒りの感情がくすぶっているので、ちょっとしたことで簡単に火がついてしまう。

そもそも、人はなぜ怒るのだろうか。自分が怒ったときを思い出してみよう。

怒っているとき、人は自分が強くなったように感じることができる。これが、怒っている人を理解するカギになる。怒りの奥には、弱さや自信のなさがある。そのため自分が強くなったと感じられる〝怒るという反応〟を選んでいるのだ。

誰でも、弱さを隠すために怒った経験があるはずだ。たとえば、子供がいきなり道路を走って横断し、もう少しで車に轢かれそうになったとする。あなたは子供を抱きかかえ、そして反射的に子供を叱るだろう。

ここであなたが感じているのは、怒りではなく恐怖だ。恐怖は無力感につながるから、怒りで恐怖を払拭すれば、状況をコントロールしていると感じることができる。

たしかに、同じ弱い人であっても、怒りで弱さを隠そうとする人もいれば、そうでない人もいる。人はみな違い、ある状況でどんな反応をするかは人それぞれだ。

男性の多くは、子供のころ「男の子は泣くものではない」と言われて育ったために、泣く以外の方法で悲しみを表現するようになる。私に言えるのは、怒っている人は、本当は悲しんでいるということだ。

いつも怒っている人に対して、あなたにできることはほとんどないかもしれない。本当の原因はかなり根深いからだ。

しかし〝怒りは悲しみを隠すため〟と理解するだけでも、彼らの存在が苦にならなくなるかもしれない。そうは見えないかもしれないが、同情してあげるべき人たちなのだ。

ルール19

泣いているから悲しいとは限らない

ルール18がより男性にあてはまるとしたら、このルールはより女性にあてはまる。泣くという行為は、あらゆる感情を表現する手段でもある。

安心して泣く、喜びのあまり泣く、笑いすぎて涙が出てくる、愛しさのあまり泣く――こうした経験は誰にでもあるはずだ。泣いている人を見たら何かネガティブな感情があると考えるのが妥当だが、それが悲しみだとは限らない。

怒るのは女性らしくないという価値観で育てられた女性は、泣くことで怒りの感情を表現することが多い。怒ってはいけないが、泣くのは許されているからだ。

そうやって育てられた女性は、大人になっても同じことをくり返す。泣いている女性を見たら、たいていの人は優しくするだろうが、それで相手に感謝されることはない。悲しんでいる人に同情して慰めたら、予想外の反応が返ってきたら、相手は悲しみ以外の感情で泣いているということを悟らなければならない。

読み取りにくい感情は、怒りで泣くことだけではない。他人の感情を読み取るのは難しく、特によく知らない人が相手の場合はなおさらわからない。

感情とは裏腹の態度が表に出るのもよくあることだ。そんなときは、感情を正しく読み取って、適切に対応するのはかなり難しい。

恐怖や恥ずかしさを隠すためにユーモアを利用する人もいる。彼らは自分の感情を隠したがっているのだから、わざわざ本当の感情を探る必要はないだろう。しかし、**本心では助けを求めているということもあるので注意が必要だ。**

ここでの教訓は、表向きの感情にだまされるなということだ。

見たままの感情が正しいこともある。しかし、どうもおかしいと思うなら、本当の感情を探るようにしよう。

もし相手を助けたいなら（いい心がけだ）、相手を悩ませている本当の問題を知らなければならない。そしてそれを知る最も簡単な方法は、単刀直入に尋ねることかもしれない。

ルール20

何の意図もない可能性を考える

かつての職場であったことだ。私の同僚が、自分が呼ばれるはずのミーティングに呼ばれなかったことで深く傷ついていた。いつまでも思い悩んでいたが、議長に連絡して理由を尋ねたりはしなかった。相手を責めているように思われたくなかったからだ。

そしてミーティングの日がやってきた。始まって五分もしないうちに、議長が「なぜ彼がいないのか」と尋ねた。彼とは、ミーティングに呼ばれなくてくよくよ悩んでいたあの同僚だ。もちろん私たちは、「呼ばれていないからです」と答えた。

同僚を悩ませたこの出来事は、単なるミスだったのだ。彼自身は、議長はよく考えたうえで自分を外したと思い込んでいたが、実際のところ議長は何も考えていなかった。

皮肉なことだが、同僚はどんなに考えても、この「議長は何も考えていない」という可能性は思いつくことができなかったのだ。

こういったことは、実は驚くほどよく起こる。

何かの集まりの計画を立てるときに、呼ぶはずの人のことをすっかり忘れてしまう。または、パーティの予定を立てるときに、招待客の一人がその日は来られないと言っていたのをすっかり忘れてしまう。誰にでもこんな経験があるはずだ。

うっかり忘れたほうは、何も考えていないだけだが、**忘れられたほうは、その可能性はまったく考えず、無駄に思い悩むことになる。**

私は以前、相手にグルテンアレルギーがあることを忘れて、小麦粉の入ったバースデーケーキを作るという大失敗をしたことがある。あのときばかりはとことん自分を責めた。いちばんつらかったのは、私がわざとやったと思われてしまったことだ。うっかりしていただけだと懸命になって説明し、最後にやっと信じてもらうことができた。

しかし私自身は、自分に対する怒りが収まらなかった。あれこそまさに、うっかりではすまされない状況だったからだ。

他人が予想外の行動を取り、その動機を思い悩むようなことがあったら「相手は何も考えていなかった」という可能性を思い出すようにしよう。そう考えたほうが、あれこれ思い悩むよりもずっと楽だ。たいていそれが正しい答えでもある。

ルール21

適性に合った仕事を選ぶ

仕事に関して、世の中には二種類の人間がいるという。プロジェクトタイプの仕事が好きな人と、ルーチンタイプの仕事が好きな人だ。

私自身は、プロジェクトタイプの仕事が好きだ。だからこそ、本の執筆という仕事をやっている。物事を終わりまで見届けて、一つ完成させたら、新たな気持ちで次に取りかかりたい。毎日がくり返しになると、退屈してイライラしてしまう。少なくとも、私の場合はそうだ。

私とは正反対で、ルーチンタイプの仕事が好きな人もいる。彼らは、同じことのくり返しの中に、ちょっとした違いを見つけ、楽しむことができる。

この世界には、どちらの仕事もたくさん存在し、世界は両方のタイプを必要としている。

適性を知るのは大切なことだ。

親になっても、子供と一緒に家にいるのが苦手な人もいる。
人をまとめるのは得意なのに、リーダーに向いていないマネジャーもいる。
一人で働くのが向いている人もいれば、チームで働くのが向いている人もいる。

私が言いたいのは「四角い杭を、丸い穴に合わせることはできない」ということだ。向上心があるのはすばらしいが、**どんなにがんばっても自分以外の人間にはなれない。嫌いなことを無理にやっても、本人が不幸になるだけだ。**

解決策は、穴を変えることだけだ。四角い杭は、どんなにがんばっても丸い杭にはなりえないからだ。

あなたのパートナー、子供、同僚、友人が四角い杭なら、丸い穴に合わせることを要求してはいけない。彼らの適性を受け入れるしかないのだ。そのうえで、彼らが輝ける四角い穴を一緒に探してあげよう。

ルール22
リア充の人生が楽しいとは限らない

〝セックス、ドラッグ、ロックンロール〟を実践しているような豪快な遊び人がいる。最近の言葉で言えば〝リア充〟だ。

彼らは、毎日のように集まって楽しんでいる。武勇伝も山ほどある。自慢話は、酔っ払って大騒ぎしたり、飲みすぎて気持ち悪くなったエピソードだ。

彼らを見て、何か気づかないだろうか？　彼らはどこか必死になっている。まるで、自分の人生は楽しいのだと、自分に信じ込ませようとしているかのようだ。

実際のところ、酔ってハイになったり、知らない人の家で目覚めるのは、それほど楽しい人生ではない。二日酔いや大騒ぎが本当に楽しいだろうか。

程度をわきまえれば、たまに羽目を外すのはむしろいいことだ。

しかし彼らは、限度を知らない。いくら楽しいことでも、限度を超えると楽しくなくなるのだ。彼らだって、それはわかっているのに、わからないふりをしている。

彼らの多くは、人生の何かから逃れようとしているかのように見える。**はた目には豪快で、元気で、楽しい人に見えるが、その内側には弱くて傷つきやすい人格が隠れている。**

つまり、彼らの生き方をうらやむ必要はないのだ。本当の気持ちを知れば、彼らのようになりたいとは思えない。むしろ、心の中の悪魔と戦う彼らには、憐憫の情を持つべきなのだ。

身近にいる遊び人を思い浮かべてみよう。純粋に楽しんでいる人もいるかもしれないが、たいていは何かつらいことから逃げるのが本当の目的だ。

いちばん過激に遊んでいる人が、いちばん深い闇を抱えている。彼らは酒におぼれ、ときにはドラッグにまで手を出す。悪魔の足音をかき消し、悪魔の存在を忘れるために。

彼らのためにしてあげられることは、そんなに多くはない。しかし、彼らの弱さを理解し、同情することならできる。彼らが、本当はつらいのだとわかってあげることならできる。

若いころ、はちゃめちゃで悪名高かった俳優ジョン・ハート（映画「エレファント・マン」「ミッドナイト・エクスプレス」で有名）はこう言っている。

「どんちゃん騒ぎばかりの人生は、はた目には楽しそうに見えるかもしれない。しかし実際は違う。彼らの多くは、心の中に大きな喪失を抱えているんだ」

ルール23

問題のない年齢などない

おそらくあなたにとって一三歳は、精神的に嵐の時期だったはずだ。脳が大きく変化する過程にあるので、感情は安定せず、リスクを正しく計算できず、自分の考えをうまく伝えることもできない。脳の構造がそうなっているからしかたないのだ。

次に七〇歳を考えてみよう。この年齢で一人暮らしの人は孤独を抱えている。しかし、パートナーがいてもそれは大差ない。人は自分より下の世代に愛情を注ぐものだから、年を取れば取るほど〝大切な人〟だと思われることは少なくなる。

二歳ならどうだろう。この時期の子供は、自分は両親の一部ではなく、一人の人間だということに気づき始める。世界は謎だらけだ。冒険し、いろいろ試して、世界の仕組みを知らなければならない。それなのに、大人には「やめなさい」と言われてしまう。

では五〇歳は？　この年代は子供が自立して寂しくなることに加えて、自分の存在意義を見失いがちだ。もう一度自分を見つけなければならないが、もう若いころのような体力も気力もない。

私はなぜこんな話をしているのか……。それは、**年代特有の問題を考えずに、他人の行動を理解することはできない**からだ。

二〇歳のころは簡単にできたことが、四〇歳になったら簡単ではなくなるかもしれない。若い人はわからないかもしれないが、中年になると二〇代のように長時間働けなくなる。時間をもてあましている親を見て、ビジネスでも始めればいいと思うかもしれないが、あなたの親は、もう若いころのようには働けないのだ。

同じように、一七歳の子供に、大人と同じ人生経験を期待するのは無理な話だ。大人であれば、遠くの大学に通うのは、たしかに最初は不安だが、そのうち慣れて楽しくなるとわかる。しかし一七歳の子供にとっては、ただ不安で怖いだけだ。

相手の言動に納得できないというときは、もっと大きな視点で考えるようにしよう。相手はその人なりに、独自のストレス、恐怖、不安、重圧、心配を抱えているのだ。彼らに、さらに負担を増やすようなことをしてはいけないのだ。

ルール24

子供は手本から学ぶ

以前、ある友人がこんなことを言っていた。

「〝親のまねをするな。親の言う通りにしろ〟と子供にわからせるには、どうすればいい？」

答えは簡単、そんなことは不可能だ。子供はお手本から学ぶようにプログラムされている。それ以外の方法は存在しない。

つまり、子供に何かしてほしいことがあるのなら、親自身がそれをするしかない。それは整理整頓かもしれないし、きれいな言葉遣いかもしれない。野菜を食べることかもしれないし、食事中にスマートフォンをいじらないことかもしれない。

親の取るべき道は、子供の手本になるか、自分と同じことをする子供を受け入れるかだ。

私は一〇代の子供の親なので、友人の多くも一〇代の子供がいる。彼らを見ていてわかるのは、**子供が騒いで手がつけられないとこぼす人は、例外なく子供に向かって怒鳴って**

いるということだ。

子供に怒鳴りたくなる気持ちはよくわかる。そして怒鳴っているうちに、いつしかそれが当たり前になる。子供も騒ぐことで応酬し、一〇代になると親よりも大声を出すのがうまくなる。子供のほうがエネルギーがあるからだ。

ここまできてしまうと、今さら怒鳴らない親になることもできない。自分も怒鳴る親に育てられた人にとってはさらに難しい。しかし、負の連鎖を断ち切るには、自分が怒鳴るのをやめるしか道はない。

もちろん、完璧な人などいない。私自身も、わかっていながらなかなか修正することができなかった。

私には、人の話に自分の話をかぶせるという悪いクセがある。なぜ私は、この悪いクセを子供がまねしないなどと思っていたのだろう?

私は何も考えていなかったのだ。もし、本当に考えていたら、自分の愚かさに気づいて、悪いクセも直していたかもしれない。そう、これがいちばん難しい部分だ。

親であるあなたは、自分の欠点を認め、直す努力をしなければならない。そうでないと、子供にいくら言い聞かせても、まったくの無駄に終わるだろう。

ルール25
年齢にふさわしい責任を与える

親の仕事は、子供が一八歳になるまでに自立させることだ。ずっと親元で暮らすこともあるだろうが、それでも一八歳を過ぎたら、自立した大人として行動できなければならない。自立するとは、自分の行動に責任を持つことだ。悩みや決断、日々の食事や洗濯物を親に頼らなくても、きちんと生活できることを意味する。

子供の自立心を養うには、子供に責任を与えることだ。子供が一七歳になって、あわてて自立させようとしても無理だ。小さいころから、少しずつ積み重ねていかなければならない。

六歳になったら、出かけるときにコートを着るかどうかは自分で決めさせるべきだ。コートを着ないで出かけて、寒い思いをすれば、次からは着るようになる。

「今日は寒そうだからコートを着ていったほうがいいんじゃない？」と、子供に提案するのはかまわない。しかし、あくまで決断するのは子供自身だ。親が代わりに決めていたら、子供はいつまでたっても自分で判断できないだろう。

一〇代になったら、お金の管理を教えよう。親が服を買ってあげるのではなく、お小遣いを渡して自分で買うようにする。お小遣いをすべて休日のおしゃれに使ってしまい、普段の服が買えなくなっても、そこで親が買ってあげてはいけない。お金を計画的に使うことを学ぶチャンスを逃すことになってしまう。

高校生になったら、一日のスケジュールを自分で決めさせる。つまり、宿題をする時間も子供が決めるということだ。親としては不安でたまらないだろう。しかし、**子供が勉強を怠けたとして、下がるのは子供の成績だ。あなたの成績ではない。**成績が上がるのも、下がるのも、すべて子供自身の問題だ。自分の行動の結果に責任を持たせなければならない。

私のように子供がたくさんいる人なら、子供にまかせるのも簡単だ。単純に、余裕がないからだ。しかし、子供が一人か二人の場合は、かなり難しい挑戦になるだろう。

一人っ子の母親である友人が、以前にこんなことを言っていた。

「うちの息子は、大学入学を1年遅らせるつもりなの。まだ親元を離れるのは無理だから」

私は理解を示すような相づちを打ったが、心の中ではこう叫んでいた。

「この一八年いったい何をやっていたんだ！　自立させるのがあなたの仕事だったのに」

ルール26
子供の気持ちは誰にもわからない

先日、一〇代の息子が私にハグしてきた。私も息子を抱きしめようとすると、息子は「やめてよ！」と言った。これがまさに思春期というものだ。

思春期は矛盾のかたまりだ。自立したいという本能的な欲求はあるが、その一方で大人になるのが不安でたまらず、一生親に世話をしてもらいたいと思っている。

だから彼らは、親のハグを求めながら、親に触られるのをイヤがるのだ。子供の中に、親の庇護を求める気持ちと、自立を求める気持ちが同居している。

正反対の感情を抱えているから、彼らは極端から極端へ振れる。だから、あなたのことを大嫌いと言いながら、あなたの胸でめそめそ泣いたりするのだ。

思春期の子供が親を嫌うのは、自立への第一歩だ。自立しなければならないとわかっているのに、**親の愛のせいで自立心が揺らいでしまうので大嫌いと言って突き放す。**

長年の観察でわかったことがある。

それは、思春期の問題で苦しむ子供は、他の子供と比べて自立心が強く、同時に自分に自信がない傾向があるということだ。反対に思春期の問題が少ない子供は、自分に自信があるが、それほど強く自立を求めてはいない。ほとんどの子供は、二つのタイプの間のどこかにあてはまるはずだ。

親であるあなたは、ルール24と25を守りながら、子供の自立を助けなければならない。大人としての責任感と生活態度を身につけるのが早いほど〝大人になるのが怖い〟という気持ちも小さくなり、自立への道を順調に進むことができる。

親は、子供の代わりに決断したり、失敗の尻ぬぐいをしたり、服やお金を与えたり、スケジュールを管理するのをやめなければならない。一度にすべてをやめるのではなく、少しずつ管理を手放していくのだ。

大人になることは、心理的な重労働だ。準備していても、簡単にできることではない。だから子供は、いきなり親に抱きついてきたりする。その後でいつもより反抗的になり、親なんか必要ないとわからせようとしてくるが、それは一種の照れ隠しだ。

子供が完全に自立すれば、また平和なハグができる。それまでに〝子供の気持ちがわからない〟という経験をするのは避けられない。なぜなら、子供自身にもわかっていないからだ。

ルール27

何でも話せる環境を確立する

今から大事なことを言うので、よく聞いてほしい。

子供が安心して大人になるには〝必要なときはいつでも親がそばにいてくれる〟という確信が必要だ。いつか突然、親の庇護がなくなるのではなく、自分から外に出ていくのであって、必要ならまた戻ってくればいいと思えることが大切なのだ。

たとえば、三歳の子供が「おもちゃが壊れた」と泣きながらあなたに訴えたとしよう。あなたはどうするべきか？

まず「残念だったね」と理解を示し、おもちゃを壊さずに遊ぶ方法を教える。そして直せるなら、子供と一緒に直す。こうすれば子供は〝自分には問題を解決する力がある〟と自信を持ち、なおかつ、何か困ったことがあれば親が手を貸してくれると安心できる。

私の知っている一〇代前半の子供の話をしよう。

三人の子供が大麻に興味を持ち、試しに吸ってみようという話になった。大麻を吸うのは罪であることは知っているが、実際に大麻を吸っている人がいるのも知っている。

ある夜、彼らは苦労して手に入れた少量の大麻を吸ってみた。するとひどい咳が出て止まらなくなったので、もう二度と吸わないと決めた。しかし、学校の友達に自慢したい気持ちを抑えることはできず、結局話は教師に伝わった。

ここで、自分が彼らの親だと想像してみよう。あなたならどうするだろう。

- 親A――子供の行動にがっかりしていると長々と説教をした。子供は解放され、自分の部屋へ行き、翌朝の六時に目を覚ますと、また前日と同じ説教をされた。
- 親B――子供に腹を立て、他の二人の子供と遊ぶのを禁止した。
- 親C――ドラッグのプラスとマイナスについて話し合った。叱ったりはしなかった。

今度何か困ったことになったときに、子供が助けを求めるのはどの親だろうか。

親はあらゆるチャンスを逃さず、生きる知恵と良識を教えなければならない。子供は大人のまねをしたくなり、必ず失敗する。子供の好奇心を抑えつけることはできない。親ができるのは、問題が起こったときに、子供が何でも話せる環境を確立しておくことだ。

ルール28

本気で子供の話を聞く

親は〝自分は何でも知っている〟と思い込んでいる。親自身もかつて子供であって、これまで子供が知らないことを学んできた。だから、子供がどこで間違えたのかは、わかっているし、どうすれば解決できるかもわかっていると思っている。

しかし、残念ながらそれは勘違いだ。子供は親とは違う人間だ。親だけでなく、他の誰とも同じではない。子供が育つ世界は、親が子供だったときとはまったく違う。

子供には子供の計画があり、夢があり、長所があり、恐怖があり、希望がある。親には、どうしてそのような夢や恐怖を持つようになったのかはわからない。わかるのは、子供がたまに教えてくれる情報の断片だけだ。

子供を理解したいなら、親にできるのは、子供の話を聞くことだけだ。話を聞くとは、子供が話す間は黙っていて、子供の話が終わったら自分の言いたいことを言うことではない。

子供の言い分が理解できないのは、子供のせいではない。親であるあなたが、子供の話をきちんと聞いていないのが本当の原因だ。だから、さらに真剣に聞かなければならない。

本気で子供の気持ちを理解しようとすれば、その真剣さは子供にも伝わる。そうすれば彼らも協力的になる。いつも、そうなるわけではない。子供だって、反抗的な気分のときもあるし、言いたいことがうまく言えないときもある。

そこで親が態度を変え、いつものお説教を始めたりしたら、子供は〝もうまともに話しても意味がない〟と考えるだろう。聞く耳を持たない人には、何を言っても無駄だからだ。**親は〝自分だったらどうするか〟ではなく、子供になったつもりで子供の気持ちを考えなければならない。**子供の言い分のすべてに賛成する必要はないが、理解することは必要だ。

ルール27に登場した三人の親のうち、親Cは子供の話をきちんと聞いた。一〇代の子供は好奇心が旺盛で、いろいろ試してみたくなるということを、親Cはわかっていたからだ。話を聞いたおかげで、子供がすでに反省し、もうくり返すつもりはないということが理解できた。だから、お説教も罰も必要ないと判断できたのだ。

ルール29

謝罪させることにこだわらない

友人の二人がささいなことで大ゲンカをして、和解するまでに何カ月もかかったことがあった。こじれた理由は単純で、どちらも相手に謝罪させようとしたからだ。時間がたつにつれて、顔を合わせなければならないときは普通に話すようになり、やがて元の関係に戻った。彼らはただ「ごめんなさい」の一言のために何カ月も無駄にしたのだ。

ケンカをしたときに大切なのは、相手に謝罪させることではない。私は、悪いことをした子供に「ごめんなさい」と言わせるというしつけにも疑問を持っている。大切なのは「悪かった」という気持ちであり「ごめんなさい」と口に出して言うことではない。

息子の一人が、本気で謝罪していないと先生からきつく叱られたことがある。しかし息子は、こう主張した。

「先生は間違っている！　僕はちゃんと本気で謝っているふりをしたよ」

おわかりだろうか。この先生は本来の目的を達成できなかった。謝罪させることにこだわらなければ、息子も本気で反省したかもしれない。

言葉に大きな意味はない。同僚、友人、パートナーとケンカになったら、謝罪させて恥をかかせてはいけない。**「ごめんなさい」という言葉がなくても、相手が後悔していることがわかれば十分だ。**言葉よりも、本気で仲直りしたい気持ちのほうがずっと大切だからだ。

ケンカをした相手がいつものように「おはよう」と言ってきたのなら、それは仲直りしたいという相手からのメッセージだ。もしかしたら相手にしてみたら、謝罪すべきなのはあなたなのかもしれない。それでも笑顔を向けてきたのだ。

そこであなたの取るべき行動は、ただ笑顔を返すだけだ。それがあなたからの謝罪と許しであり、これでどちらも「ごめんなさい」と言うことなく、問題を解決できた。

または、本心ではちっとも悪いと思っていないのに、お互いに嫌々ながら「ごめんなさい」と言う選択肢もある。あなたなら、どちらを選ぶだろうか？

とはいえ、自分に何らかの落ち度があると自覚していて、しかも立派な大人なら、「ごめんなさい」と言ってしまうのも正しい選択肢だ。

ルール30

反抗心を見きわめる

子供のころ、先生から怒鳴られてもいつも平気な顔をしている友人がいた。その友人に、なぜ先生に怒られたのかを尋ねたことがある。

「わからないよ。先生の話なんてまったく聞いてないから」そう彼は答えた。まるで、そんなのは当たり前だろうとでもいうように。驚いた私が理由を尋ねると、彼はこう答えた。

「怒っている先生の話を聞いたりしたら、先生がするなと言うことをやりたくなるからね。だから、わざと聞かないようにしているんだ。するなと言われているのを聞かなければ、それをすることもないだろう？」

私は大いに感心した。あれ以来、私もたまに彼と同じ戦略を使わせてもらっている。なぜなら、私も彼と同様、するなと言われると無性にやりたくなってしまうからだ。

彼や私のような反抗的なタイプは、思ったよりたくさんいる。何かをするなという指示に感謝する人もいれば、感謝はしなくても従う人もいる。その一方で、**やるなと言われる**

とやりたくなるタイプもいる。

あなたの周りにも、こういう反抗的なタイプがいるはずだ。あなたが上司の立場なら、反抗心を内に秘めている部下を見きわめることが大切だ。

ここでの選択肢は二つある。一つは、相手の心理の逆をつく方法だ。相手が子供の場合は特にこの方法が有効になる。子供にしてほしいことを「するな」と言えば、親も子供もハッピーになれる結果につながるだろう。

ただし、この作戦を子供に明かさないことが大切だ。親に操られたとわかると、子供は激怒するだろう。もう二度と、この作戦は使えなくなる。

もう一つの方法は、相手をコントロールする意思がないことをはっきり伝えることだ。絶対に守るべきラインだけを伝え、後は自由にやってもらう。

「金曜までにリサーチを終わらせなければならない。いちばん知りたいのは競合他社の現状だ。やり方はまかせる。何か必要なものがあったら、何でも言ってくれ」

反抗的なタイプを相手にするには、反抗したくなるようなものを与えないことだ。そうすれば反抗されることもない。むしろ、反抗されないだけでなく、相手の自由を認めたことで感謝されるだろう。

ルール31
〝変な人〟に話しかける

人間は基本的にとても保守的であり、知っているものに囲まれていると安心する。対象が人でも、それは変わらない。他人を見るときには、服装、言葉づかい、態度、髪型などから〝自分の知っているタイプ〟に分類して理解し、安心する。

だから、分類できない人に遭遇すると、私たちは動揺してしまう。そして〝変な人〟に分類して、近づかないという解決策を選択する。

しかし、〝変な人〟の定義は環境によって変わることがある。みんなが〝変な人〟である環境へ行くと、むしろ変であることが普通になるからだ。

私は以前、イングランド南西部にある小さな町グラストンベリーに住んでいた。ヒッピーのたまり場として有名な場所だ。

ロンドンの友人は、ヒッピーのことを「髪がぼさぼさで、持っている服を一度に全部着る、レインボーカラー好きの変な人」と言っていたが、グラストンベリーに暮らしていれば、変な人だとは思わないだろう。なぜなら、同じような人がたくさんいるからだ。

しかし、ヒッピーが都会のオフィス街に出現すれば、とたんに〝変な人〟として警戒されてしまう。もちろん、オフィス街で働くヒッピーもいるだろうが、仕事中は周りに合わせた服装で、レインボーカラーは休日限定にしているはずだ。

いずれにせよ**〝変な人〟として浮いてしまう人は、自分らしくふるまっている。**彼らは自分らしくしているだけなのだ。そう考えると〝変な人〟の生き方に、どこかすがすがしさを感じないだろうか。

〝変な人〟を敬遠しているなら、一歩踏み出して彼らと話してみよう。もしかすると、あなたが今まで会った中でいちばんおもしろい人かもしれない。

もちろん人間だから、つまらない人や、性格の悪い人もいる。それは、どんな集団にも言えることだ。

〝変な人〟を遠ざけていたら、本当におもしろい人に出会うチャンスをみすみす逃してしまう。安全地帯の外に出ると人生が豊かになるということも知らないままだ。失うものなど何もないではないか。自分から話しかけてみよう。

2
章

人を
助けるための
18のルール

The
Rules
of
People

大切な人が苦しんでいるのを見るのはつらいことだ。
大切な人の苦しみは、あなた自身の苦しみでもあるからだ。

苦しみを終わらせるために、できるかぎりのことをしたい。
そう決意したとして、さて、あなたは何をすべきだろう。
何が本当に苦しんでいる人の助けになるのだろうか。

あらゆる人助けに共通するルールが存在する。
これまで同様、私の長年にわたる観察に裏付けられたものだ。
どんな状況であっても、人助けをするなら
このルールに従ったほうが、必ずいい結果につながるはずだ。

どのルールも相手の自主性を尊重することを第一にしている。
自分が助けられる側になったときも、役に立つだろう。

ルール32

自分がおぼれるなら助けない

助けを求めている人に手を貸せば、相手もあなたも幸せになれる。お年寄りの荷物を運ぶ。知らない人に道を教える。仕事で疲れているパートナーの食事当番を代わる。忙しい同僚の代わりにコピーを取る。羽を怪我した鳥を助ける――こうした場合は、迷わず助けるべきだ。

しかし、もう少し深刻な状況の場合はどうだろう。友達が大切な人を失って悲しんでいる。同僚が離婚の危機を迎えている――こうした場合、どんな対応が正しいのだろうか？

人は自分と似た経験をした人に助けを求めるものだ。経験を頼りにするのは、理にかなっている。相談されたほうも、自分が学んだことを伝えるのは嬉しいものだ。

しかし、愛する人の死や、自分自身の離婚などの場合、つらい経験を思い出し、あなた自身の傷口が開いてしまうかもしれない。

人助けをする前に、まず自分自身を守らなければならない。自分が弱っているときに、無理をして人助けをすることはない。

問題となる可能性があるのは、あなた自身の過去の傷だけではない。たとえば、アルコール依存など心の病気を抱えている人からは、どうしてもネガティブな影響を受ける。

人助けは大切だが、線引きも必要だ。そしてどこで線を引くかを決めるのは、あなた自身しかいない。人助けをするなら、自分が人助けに適した状態であることを自分で確認しなければならないのだ。そして、**自分の状態がよくないなら「ごめんなさい。私も余裕がなくて、相談に乗れません」と、正直に伝えるべきだ。**

もし、余裕がないときに、どうしても手助けする必要があるなら、あなたが相手と一緒におぼれることがないように、自分用の〝酸素ボンベ〟を確保しよう。

たとえば、一人で散歩に出る、友達に会う、スポーツジムに通うといったことだ。これだけでもずいぶん余裕ができるだろう。

自分の心に余裕がなければ、本当の意味での人助けはできない。人助けの出発点が、ここにあることを忘れないようにしよう。

ルール33

相談する人は共感を求めている

親しい人が困っているらしい。あなたは話を聞き、そして解決策を提案した。すると相手は、感謝するどころか腹を立てて、まるであなたに責任があるかのように言う。どうしてこうなるのか、まったく理解できない……。あなたには、こんな経験がないだろうか。

こうした経験があるなら、それはあなただけではない。

それにおそらく、あなたは反対の立場も経験しているのではないだろうか。

相談相手がアドバイスばかりしてくる。相手が力になろうとしているのはよくわかっているが、腹が立ち、相談したことを後悔する。これはいったいどうしたことだろう。

人が相談をするとき、解決策よりも先に欲しいものがある。欲しいものが手に入らないのでイライラするが、何が欲しいのかはよくわからない――この謎を解くことが、双方がハッピーになるカギになる。

相談する人が求めているのは、解決策やアドバイスよりも、自分の感情を認めてもらうことだ。「そう感じて当然だ」という承認を求めているのである。

たとえ話で説明しよう。

相手が沼にはまり、あなたは沼の縁に立っている。ここであなたが取るべき正しい道は、相手にロープを投げることではない。

するべきは、あなたも沼に入り、沼にはまる気持ちを共有することだ。そうして初めて、二人で一緒に沼から出ることができる。つまり、安全な沼の縁から相手を引っぱり上げるのは、間違った対応なのだ。

「こうすればいいじゃない」と言う前に、まずは相手の感情を認め、共感する。正しい言葉は「怒って当然だよね」または「それは心配だね」などとなる。

自分の感情が認められれば、心が落ち着くので、たいていの場合、自分で解決策を考えられるようになる。つまり、そもそも彼らは解決策を必要としておらず、ただ共感してもらいたかっただけなのだ。

こうした共感と承認の欲求に気づいている人はほとんどいない。相談されたり、グチを聞かされたりしたときは、解決策よりも共感が大切だということを忘れないように。そして立場が逆になったら、自分の欲求を自覚すること。

ルール34
相手の感情を否定しない

このルールは、ルール33からの続きだ。

誰かの助けになろうとしているときに、相手が自分の気持ちを話してくれないことがある。その理由はたいていの場合、うまく説明できないと感じているからだ。

わかりやすく言えば「自分の感情を正直に話したら、バカだと思われるのではないか」とか「被害妄想や過剰反応だと思われるのではないか」と心配しているのだ。

しかし「こんなふうに感じる自分はバカだ」という気持ちが強いほど、心の傷は深い場合が多い。だからこそ、あなたの助けが必要なのだ。

まず、あなたがするべきは、ルール33で学んだように、相手の感情を認めることだ。そう感じるのは当然であり、おかしいことなど何もないと相手に伝える。

たとえば、状況に応じて「怒っているの？」「傷ついたの？」などと尋ねるといい。この質問は「その感情を持つのは普通だ」というメッセージを伝える役割も果たしている。だから相手は安心して「そうだ」と答えることができるはずだ。

あなたの共感がきっかけとなって、相手は心を開くかもしれない。批判されないとわかって安心すれば、本音を話してくれるだろう。**多くの人にとっては、批判されずに、真剣に話を聞いてもらうだけで十分**なのだ。

当然ながら、反対の印象を与えないように注意しなければならない。

つまり、誰かから心配事があると相談を受けたときに、相手を安心させるために「心配する必要はない」と答えるのは間違いだ。相手は「自分の感情を否定された」と受け取るだろう。「泣かないで」という言葉も「そんなことで泣くのは間違っている」という批判だと解釈される。

人は感情的になると、いつもより傷つきやすくなる。だから「心配しないで」という言葉を相手の思いやりだとは解釈せず、自分の感情の否定だと解釈するのだ。

彼らは、おびえている子猫のようなものだ。怖くないということを納得しないと、絶対にソファの下から出てきてくれないだろう。

ルール35

解決策を考えないで話を聞く

相談してくる人の中には、本当に具体的な解決策を求めている人もいる。

たとえば、車を修理に出したのであなたの車に乗せてほしいとか、携帯電話のバッテリーが切れたので携帯を貸してほしいとか、そういう場合だ。

そういうときは、相手が希望する解決策を与えれば、それで事態は解決だ。すばらしい。人の役に立てた自分をほめてあげよう。

しかし、相談に感情の要素が入り込むと、状況はまったく変わってくる。

他人の感情の問題を解決することは、あなたの役割ではない。本人が、その感情を自分の中で消化するしかないのだ。彼らがあなたに相談するのは、ただ聞いてもらいたいからであって、解決策を求めているからではない。

私自身、妻の長年にわたる努力があって、やっとこのルールを理解することができた。

私は、誰かが問題を抱えていると、自分が代わりに解決したくなってしまう。妻からは、「それは相手を支配しようとすることだ」と言われてしまった。妻に言わせれば、頼まれてもいないのにアドバイスするのは、余計なお世話だということだ。

そう感じていたのは妻だけではなかった。パートナーが話を聞いてくれないという不満を抱えている人はたくさんいる。ここでのカギは「話を聞いてくれない」という言葉にある。**人は解決策を提示するモードに入ると、相手の話を聞かなくなってしまう**のだ。

相談やグチを話しにくる人は、ただ話してすっきりしたいだけだ。そしてできれば、自分の感情を肯定してほしいとも思っている。さらには、話すことで頭を整理したいという気持ちもあるかもしれない。

相手が具体的な助けを求めていないのなら、ただあなたに話を聞いてもらいたいだけだ。だから、手をお尻の下に敷き、口を固く閉じて、何かしたくなる衝動を抑えること。あなたはすでに「相手の話を聞く」という行動を取っている。それで十分だ。

もし、相手がアドバイスを求めているのかもしれないと感じたら、「アドバイスが欲しいの？　それとも話したいだけ？」と確認すること。特に、相手が恋人や配偶者の場合は、この質問をすることを推奨する。私の妻もきっとそう思っているだろう。

ルール36

できない約束をしない

ルール32では自分の心を守ることの大切さをお伝えした。この考え方は、心の問題以外に適用することも考えなければならない。

同僚に、仕事を手伝うと約束したが、やってみたらできなかったとしよう。それが本当に同僚の助けになるだろうか。一緒に病院へ行くと約束したのに、当日になって抜けられない仕事が入ったりしたら？

後で断るくらいなら、最初から断ったほうがよっぽど相手も助かるはずだが、相手を助けたい気持ちが優先して、できない約束をしてしまう人はたくさんいる。

「まかせて」「大丈夫」などという言葉が、とっさに口をついて出てしまうのだ。

直前で頼みを断れば、相手は少ない時間で代わりの人を見つけなければならず、かえって大変な思いをすることになる。引き受けられるかどうか不確かなら、すぐに答える必要はない。実行できないリスクがあることを伝え、相手に判断してもらえばいいのだ。

相手を助けたいというあなたの気持ちはきっと本物だ。それは私もよくわかる。しかし、**期待させて、がっかりさせるぐらいなら、最初から断るほうがずっと相手のためになる。**

私は以前、腰を痛めた友人のために子供の学校への送迎を申し出たことがある。一週間か二週間で終わるだろうから、問題ないと考えたのだ（私はいつも、こうやって楽観的な見通しを立ててしまう。友人は二週間で治るとは一言も言っていなかった）。

そして六週間後、私はまだ友人の子供を学校へ送っていた。問題は、友人の子供は、うちの子供とは違う学校に通っていることだ。そのため、行きと帰りでいつもより一五分ずつ余計に時間がかかってしまう。計算すると一週間で二時間以上の仕事時間が奪われていた。

私は自分の申し出を本気で後悔した。最初によく考えていれば、自分にそこまでの余裕はないとわかったはずだ。二週間だけとか、朝だけならという提案もできただろう。

このとき、困ったのは私だけで、相手を困らせることにはならなかった。そして私は、とても大切な教えを学ぶことができた（それを今あなたに伝えている）。

その教えとは「できない約束はしない」ということだ。できると確信できないなら、安請け合いはしないこと。相手があなたか、または二人とも困ったことになるからだ。

ルール37
不幸の比較をしない

数年前に夫を亡くした友人がいる。そのとき彼女が驚いたのは、自分の経験を引き合いに出す人があまりにもたくさんいたことだ。

離婚を経験した友人は「あなたのご主人も帰ってこないのね」と彼女に言った。別の友人は、自分の母親は五〇年連れ添った夫を亡くして、とてもつらい思いをしたと彼女に言った。それはつまり、結婚二〇年で夫を亡くしたほうがつらくないという意味だ。

覚えておこう。つらい経験をした人に「あなたの状況は自分で思っているほどつらくない」と伝えるのは、絶対にいい印象を与えない。つらい思いをしているのは彼らであって、あなたではない。だからあなたに彼らの気持ちはわからない。

家族を亡くす、離婚する、解雇される、重い病気にかかるといった経験をした人に**「私もひどい目にあった」と伝えたところで、相手の気分が上向きになるわけがない。**

夫を亡くした友人は、この種の「不幸の比較」をさんざん仕掛けられ、今では彼らとの付き合いに疑問を感じているという。

自分も相手と似たような状況にあるなら「私の場合はあなたほど深刻ではないけれど」という言葉が役に立つ場合もある。相手の悲しみを軽く見ていないことが伝わるからだ。

しかし、基本的に比較はしないほうがいい。自分のほうが不幸だと主張するのはもってのほかだ。

他人と比較するのは、人間の本能でもある。これも共感の一種なのだ。

たとえば、友人が「リストラが不安でたまらない」と言えば、あなたは「わかるよ。うちの会社でも人員整理があるらしいから」と言ったりするだろう。これは正しい対応だ。相手の気持ちを理解していると伝えることができる。

相手とずっと友達でいたいなら、不幸自慢で勝とうとしてはいけない。たとえば「うちの会社は最悪だよ。もう何人も解雇されている。この景気じゃ再就職先が見つかるかどうか」と言ったら、相手はどう感じるだろうか？　これでは「あなたに文句を言う権利はない」と言っているのと同じだ。

ここでのカギは、大切なのは相手の気持ちであって、あなたの気持ちではないということだ。どうしてもあなたの気持ちを話したいのなら、次の機会を待つほうがいい。

ルール38

アドバイスをしない

具体的な質問に答えるのはかまわない。

「この靴とこの服は合うかな？」「夕飯は何がいい？」と質問されたなら答えるべきだ。

気をつけなければならないのは、感情がからんだ問題だ。この場合は、相手の話を聞き、共感し、支えになる。しかし、アドバイスだけはしてはいけない。

「転職しようと思うんだけど、あなたはどう思う？」そう相手がアドバイスを求めてきたとしても、アドバイスをしてはいけないのだ。

アドバイスしてはいけない理由は、絶対正しい答えなどないからだ。過去に自分がうまくいったからといって、相手もうまくいくとはかぎらない。

それに、**大切なことほど、自分で答えを見つけなければならない。**そこであなたが答えを出してしまったら、意思決定を相手から奪うことになってしまう。誰にとっても、あれこれ試行錯誤して自分で答えを出すということは大切なプロセスなのだ。

以上のすべてを考慮して、それでもアドバイスをしたほうがいい理由はあるだろうか。一つだけあるとしたら〝あなたの気分がよくなる〟ということだ。しかし、ここで大切なのは相手を助けることであって、あなたの気分は関係ないはずだ。

たとえば、友人がパートナーからの暴力で苦しんでいるとしよう。正しい行動は別れることであり、友人もそれは十分にわかっている。そこにあなたが「別れろ」とアドバイスしても、友人は行動できない自分を思い知らされ、劣等感を大きくするだけだ。アドバイスは、この友人の助けにはならない。あなたが相手を支配する存在になるだけだ。相手が求めているのは友人の支えであり、支配されることではない。

誰かに「アドバイスが欲しい」と言われたら、どう返すのが正解だろうか。それは、質問で応えることだ。**相手に質問をして、相手が正しい答えを自力で見つける手助けをする。**「もし○○だったらどう思う?」「こういう可能性はあるかな?」などという質問で、さまざまな選択肢を提供する。しかし、特定の選択肢を押しつけたりはしない。こうすることで相手は選択肢を吟味し、自分なりの答えに到達することができるだろう。

ルール39
相手の決断を100%受け入れる

同僚が上司の暴言をがまんすると決める。

兄が会社を辞めて転職活動を始めると決める。

いずれの場合も、最終的な決断は彼らのものだ。彼らは、自分がベストだと考える決断をした。これで一件落着だ。

しかし実際は、これほど単純な話ではないはずだ。あなたは内心、同僚が上司にはっきり言うことを期待している。同僚ががまんすると決めたのなら、あなたもがまんするか、そうでなければ、自分が上司と対決しなければならない。

兄の転職の場合も同様だ。兄が転職で引っ越すことになったら、ずっと兄を頼っていた両親はどうなってしまうのか。

他人の決断が、あなたの人生に影響を与えることがある。上司の暴言をがまんするという同僚の決断は、あなたも直に影響を受ける。同僚が何も言わないと決めたなら、今度はあなたが上司の暴言をどうするか決めなければならない。

しかし、それでも同僚の決断に口を出すことはできない。あなただって、上司に何か言えと人から命令されたくはないだろう。それは同僚も同じだ。

たしかにあなたは、同僚の決断のせいで厄介な状況になるかもしれないが、しかし、それが人生というものだ。

「私がちゃんとアドバイスしていれば、こんな結果にはならなかった」そう罪悪感を覚えることもあるかもしれない。

後悔したくない。とにかく助けになりたいんだ——そう思ったとしても、やはり相手の決断に介入することはできない。

相手の決断はあなたの責任ではない。その決断から生まれる結果は、すべて彼らが引き受ける。このルールを理解していれば、無駄な罪悪感を持つことはないだろう。

あなたの役割は、支えになることだけだ。自分の力の及ぶかぎり支えているのなら、それで満足しよう。

ルール40

人生のコントロール権を奪わない

このルールはルール39とつながっている。他人の決断を受け入れなければならない理由がもう一つある。人は誰でも「自分の人生を自分でコントロールしたい」という欲求がある。だから、どれほど相手のためであってもコントロール権を奪ってはいけないのだ。「このままでは大変なことになる」というあなたのアドバイスは正しいかもしれない。しかし、ハンドルを握っているのはあなたではない。

ブレーキを踏むか、歩道に乗り上げるか、選ぶのは彼らだ。**間違った運転をするより、他人にハンドルを奪われるほうがよっぽど恐ろしいことだ。**

さらに、彼らは彼らの車を運転している。車のクセや性能をいちばんよく知っているのは、彼ら自身であって、あなたではない。引っかからずにクラッチを踏むコツや、計器は叩けば正常になることを知っているのも本人だけだ。

私の友人の一人が、電話人生相談のボランティアをしている。その友人によると、人生をコントロールできないと感じると、人は自殺を考えるという。

電話相談では、相談者の話を聞くだけで、アドバイスはしないのがルールだそうだ。「自殺してはいけない」というアドバイスも禁止だ。つまり、人生の決断は本人にまかせるのが原則なのだ。

決定権を与えられ「自殺をするのもあなたの自由だ」と言われると、人は生きるほうを選ぶという。「人生をコントロールしている」と感じることには、大きな力があるのだ。

自分の人生をコントロールしていると感じていると、人生全般の満足度が高くなる。逆に、いつも誰かに指図されていると、不安と恐怖が高まることになる。相手の決定権を奪って、いい結果につながるケースはほとんどない。

ただの善意のアドバイスで、従わないならそれでかまわないとも思っているとしても、自信をなくして不安を抱えている人には、命令に聞こえる可能性は十分にある。

あなたは「そんなつもりではない」と言うだろうが、あなたの気持ちは関係ない。大事なのは、相手がどう感じたかということだけなのだから。

ルール41

質問で決断を助ける

ここまでのルールの共通点は「アドバイスは余計なお世話」というものだ。「それならどうすればいいのか」「大切な人のためにもっと力になりたい」――そう思うのも当然だ。

ここで私から提案したいのは、彼らが自分でいい決断ができるように、手助けをする方法だ。あなたは他人の決定権を奪うことなく、人助けをしたという満足感が手に入る。彼らはいい決断をして幸せになれる。いいことずくめだ。

ちなみに、この方法はどんな場合でも役に立つ。それに難しいところもまったくない。ただ質問をすればいいのだから。そう、それだけ。簡単だ。

具体的には、以下のように話を進めるといい。

まず、相手の問題について一通り話してもらう。**すでに知っていても、質問することが大切だ。**質問に答えることで、相手は頭を整理することができるからだ。

次に、思いつくかぎりの可能性、それぞれについてよく考えてもらう。ここであなたが注目するべきは、相手の感情だ。論理的に正しくても、感情的に正しい答えでなければ、本人が納得できないからだ。

感情を引き出すには「もし〜だったら、あなたはどう感じる？」という質問が効果的だ。こうした質問で、あらゆる可能性について考えるのだ。

たとえば、パートナーと同棲するかどうか悩んでいる友人がいるとしよう。「もし同棲して、その後で別れることになったら？」「もし同棲して、うまくいったら？」「同棲ではなく、お互いの近くに引っ越して、一緒に過ごす時間を増やすという選択肢は？」

あなたは質問して、それぞれのケースで相手がどう感じるかをサポートすればいい。

よく考えて頭を整理すると、物事はまるで違って見えてくる。それを可能にしてくれるのが、あなたのような友人の存在だ。

アドバイスはしない。プレッシャーも与えない。ただ、その場にふさわしい、的確な質問をするだけだ。それが相手にとっては、本当の助けになる。

ルール42

質問で相手の本音を探る

友人のある女性は、自分が仕事をしている間、母親に子供を預かってもらうことにした。子供の新学期になり、彼女は母親と相談して、子供を預ける日の段取りを決めた。

しかし母親は、しょっちゅう電話をしてきて「木曜は何時に迎えに行けばよかったのかしら?」などと尋ねる。やがて友人も、母親は実は子供を預かりたくないのではないかと考えるようになった。しかし友人が直接尋ねると、母親はそんなことはないと言い張る。

困った友人は私に相談してきた。問題があるはずなのに、母親がはっきり言わないからだ。

「お母さんの心を読めってことなのかしら。超能力者じゃないのに」と友人は言っていた。

本心を言ってくれない相手への対応は二つの段階がある。

第一段階は、言外の意味があると気づくこと。これは、相手の反応で直感的にわかるだろう。何となく手応えが感じられず、本心は別にありそうだと感じる。

第二段階は、質問であいまいな状態から抜け出すこと。単刀直入に「何か言いたいことがあるでしょう?」と質問しても、相手も自分の本心がよくわかっていないことも多いから、あなたは、質問を工夫する必要がある。**ありそうな理由をいくつか考え、それに沿って質問していこう。**

相手は、本心を言うのが恥ずかしいのかもしれない。「そんな悩みはくだらない」などと切り捨てられるのを恐れているのかもしれない。

だから、あなたは相手を安心させる必要がある。「わかるよ。そんな気持ちになるよね」などと言えば、相手も「そうなの。実はね……」と心を開いてくれるだろう。

子供を母親に預けていた友人に話を戻そう。友人は次のように考えた――母親は今のスケジュールでは都合が悪いが、そう言うと娘が別の託児所を見つけ、孫と過ごす時間が減ってしまうと心配しているのかもしれない。

そこで彼女は、いくつかの質問を用意して母親に会いにいった。すると、彼女の予想通りだったことがわかったのだ。これで問題解決だ。

そもそも彼女は、最初から母親の都合に合わせるつもりだった。ただそうするために、かなり回り道をしなければならなかったのだ。

ルール43

本当の問題に目を向ける

ルール42は、本人が気づいていない問題の解決を助ける方法だった。ここでは、相手は具体的に問題を指摘しているのだが、解決したと思っても問題が続くというケースについて考えよう。

とてももどかしい状況だ。どんな人間関係でも起こりうるが、パートナーとの関係で起こることがいちばん多い。

問題はあくまで表向きであって、その奥に本当の問題が隠れている。だから、目先の問題を解決したところで、解決にはならない。本当の原因を突き止め、解決しなければならない。

厄介なのは、相手も本当の問題に気づいていないことが多いことだ。表向きの問題が、本当の問題だと本気で信じている。

例をあげて説明しよう。あなたはパートナーから、家事をしないことを指摘された。そこであなたは、家事時間を増やすことにした。パートナーは納得したはずだが、依然として、「洗濯をしない」「庭の手入れをしない」などと苦情を言われる。

相手の希望をかなえたのに、問題がなくならないのはどうしてか。ここであなたは、気づかなければならない。**相手が指摘する問題は本当の問題ではないのではないか？**

一般的に、表向きの問題は氷山の一角にすぎない。水面下に潜む、巨大な問題があなたのターゲットだ。

例にあげたケースで考えてみよう。ここでの本当の問題は、パートナーが「自分は十分に感謝されていない」と感じていることだ。だから、あなたが掃除の時間を増やしたところで何も変わらない。本当の問題は手つかずのまま残っている。

ここでの問題は、家事の分担ではない。あなたが考えなければならないのは、パートナーに「自分は認められている」と感じてもらう方法だ。

家事の分担は、大きな問題の一部にすぎない。それに、根本の問題を解決すれば、誰がどの家事をするかという問題もなくなるかもしれない。

ルール44

イエス・バットゲームに付き合わない

以前の同僚で、いつも転職したいと言っている人がいた。私が彼と出会ったときも、その二年後に私が転職するときも、そして、その五年後に会ったときも、同じことを言っていた。

最初、私は彼の力になろうと「自分にはどんな仕事が合うと思うか」という彼の質問に、いくつか提案もした。しかし、どんな提案に対しても「給料が安い」「資格がない」などと転職できない理由を見つけてくる。

しばらくして、私は気がついた。彼は転職したいと思っていないのだ。私はもう何も言わないことにした。相変わらず転職へのアドバイスを求めてきたが、適当にごまかした。

彼がしているようなことを〝イエス・バットゲーム〟と呼ぶ。こちらが何を提案しても、「それはいいね、でも……」などと賛成しつつ、理由をつけて否定する。**現状を変えるのが目的ではなく、相手の提案の〝できない理由を見つける〟のが目的になっている。**

何を提案しても受け入れられないと、無力感を感じるかもしれないが、その必要はない。あなたはある意味、相手の力になっている。相手が否定できる提案を出し続けることで、あなたは彼らの目的をかなえているからだ。

彼らは、なぜ拒絶するために、アドバイスを求めたりするのだろうか。

私の知り合いで、自分の悲惨な状況に同情してもらうために、このゲームをくり返している人がいる。「イエス、バット」を続けているかぎり、その人は注目を集めることができる。そう、これは注目を集める手段でもあるのだ。

もう一つの理由は、決断の責任を他の人に押しつけるためだ。たとえば、転職できないのは、いい提案をしないあなたの責任だというわけだ。さらには、あなたもいい案を出せなかったのだから、彼ら自身がいい案を思いつかなくてもしかたがないという結論にもなる。

相手がイエス・バットゲームをしていると気づいたら、最善の方法は提案をやめることだ。そう、あなたができるのは「あなたはどうしたいのか？」と質問することだけだ。

ほとんどの場合、本人はイエス・バットゲームに気づいていない。あなたがゲームに気づいたのなら、なぜそんなゲームに付き合い続けるのか、自問自答しなければならない。

ルール45
元気のない人を励まさない

「すでに倒れている者は、倒れることを恐れる必要はない」

これは一七世紀の詩人ジョン・バニヤンの言葉だ。

不幸の沼の中でもがいている人は、はい上がる方法を知らないか、はい上がっても次の沼があることを恐れて、はい上がるふりをしているかのどちらかだ。

身近な人が亡くなると、つらい思いをするものだ。つらくなかったとしても、自分の薄情さに罪悪感を持ってしまう。いずれにせよ、しばらく悲しみの沼につかっていることになる。

それに加えて、ある種の感情は認めるのが難しいという事情もある。一般的に、人間は特定の事柄に対する感情は認めるが、長期にわたる心の問題は認めたがらない傾向がある。心の問題は、合理的な説明ができないからだ。

つまり、慢性的な不安感よりも、たとえば〝老後のお金の不安〟という感情を認めるほうが簡単だということだ。最近の具体的な出来事に腹を立てていることは認めても、長年にわたって怒りの衝動を抱えていることは認めたくない。

加えて、私たちの社会には〝原因のはっきりしないネガティブな感情は弱さの表れ〟という価値観も存在する。そのため人は、漠然とした悲しみ、孤独感、不安を認めたがらない。

他にも、人が心の問題を話さない理由はある。それは、自分の感情を否定されたくないということだ。「落ち込んでもしかたない。元気を出して前に進め」などと言われたくないのだ。

ここでよく考えてもらいたい。そんなに簡単なことだったら、彼らはすでに元気になっているのではないだろうか。この種の感情は、そういう仕組みになっていない。

気分が落ち込んでいる人に「元気を出せ」と言っても、さらに落ち込ませるだけだ。彼らは、元気になれない自分を責めることになる。それが相手のためになるわけがない。

心理学の専門家でも、抑うつ状態にある人を助けるのは難しい。複雑な感情であり、状態は人によって千差万別だからだ。

だから、落ち込んでいる人に「前に進め」と言ったり、慢性的な不安に苦しむ人に「元気を出せ」と言ったりするのは無神経で、事態を悪化させる行為だ。

彼らもそれで元気が出るのなら、あなたの前でつらい気持ちを打ち明けるずっと前に、すでに問題を解決していただろう。

ルール46

孤独とは人間関係のことではない

孤独な人と聞くと、一人暮らしの老人を思い浮かべる人は多いかもしれない。たしかに彼らの多くは孤独だ。

とはいえ「孤独」という言葉は、家族や人間関係の状態を表す言葉ではない。孤独とは、心の状態のことだ。

人との接触が少なくても、満ち足りている人はいる。むしろ、だからこそ幸せだということがある。

たとえば、人里離れた田舎での一人暮らしを満喫している人を思い浮かべてみよう。彼らは孤独ではない。なぜなら、自分で選んだライフスタイルだからだ。

逆に、いつもたくさんの人に囲まれていて、それでも孤独を感じている人がいる。結婚していても、心のつながりが感じられず、孤独にさいなまれている人は驚くほどたくさんいる。

私の友人に、長年独身暮らしを楽しんでいた人物がいる。彼は、ある女性と、恋に落ち、結婚した。そして、その後、彼女が亡くなり、彼はまた一人暮らしになった。

結婚前の一人暮らしは楽しかったが、今は違うと彼は言う。結婚前は一人でも平気だったが、妻との親密な関係を知ってしまうと、一人が寂しくてたまらなくなったという。

多くの人は、自分が孤独であることを認めようとはしない。もし、**相手が孤独な気持ちを打ち明けたとして、大家族だとか、友達がたくさんいるとか、仕事で多くの人に会うのになどと驚いてはいけない。**

人はどんな状況でも、孤独を感じることはある。元気がない人がいたら、その人の状況に関係なく、もしかしたら孤独なのかもしれないと考えてみよう。

孤独な人は、あなたや私が思っているよりもたくさんいる。もし助けになりたいのなら、ただ一緒に冗談を言って笑うのではなく、心の問題が話せる存在にならなければならない。

そうすれば、相手はあなたを信頼し、安心して心を開くだろう。それで相手の孤独も、少しは癒えるかもしれない。

ルール47

相手が話さないことを尊重する

近ごろは「何でも話したほうがいい」という風潮が幅を利かせている。過去のトラウマや、現在の不安は、隠さずオープンに話したほうがいい、という雰囲気があるようだ。

たしかに、言わずにため込んでいることがあると、心の負担になる。だからといって、すべての感情を垂れ流しにすればいいというものでもない。

実際、自分の感情を話すことにはマイナス面もある。それは自分の感情ばかりに目が向いてしまうことだ。実際、最も幸せな人とは、自分の感情を気にしていない。彼らは自分のことではなく、他の人のことを考えている。

もちろん、「心の問題を話してもいい」と思えることは大切だ。話したいのなら、悲しみ、心配、恐怖、寂しさ、怒り、落ち込みについて話したほうがいい。

しかし、話すことは義務ではない。自分が心の問題を抱えているときに、いちばんイヤなのは「話せ」とプレッシャーをかけられること。だから、あなたはそれをしてはいけない。

感情の状態の中で「否認」はあまりにも過小評価されている。よく「問題と向き合わなければ」というような言葉を聞くが、なぜ向き合わなければならないのだろうか。

潜在意識で問題から目をそらしているのは、それなりの理由がある。現実と向き合うのがつらすぎるというのも立派な理由だ。

「否認」という感情は、つらい感情がある人にとっての安全ネットだ。それを奪ってしまったら、彼らはさらに無防備な状態になってしまう。

もちろん、否認の状態があまりにも長引くと、本人のためにならないことはある。しかし、その状態で助けられるのは専門家だけだ。あなたや私の手には負えない。たいていの場合、否認は心を守るバリアであり、他人のバリアを壊そうとするのは大きな間違いなのだ。

私自身、話したくないのに「話せば楽になるよ」と言われたことが何度もある。そんなとき、私はこう考える。「お前をぶん殴ったほうが楽になるだろう。それはやめておくけどね」

話したくない人の助けになる方法は「話させようとしていない」と相手に伝えることだ。「もし話がしたいなら喜んで聞くよ。でもこちらからはその話題は出さないからね」と伝えられれば、彼らは安心してあなたと一緒にいることができる。

ルール48

見知らぬ人に笑顔を向ける

まったく知らない人の笑顔に救われることがある。私のくさくさした気分など彼らには知るよしもないが、彼らがそんな私を助けてくれたことは間違いない。

知らない人からの親切はことさら身にしみるものだ。なぜなら、彼らには私を助ける理由がないからだ。彼らの小さな親切のおかげで、私の最低の一日は、そうではなくなる。

自分の身をふり返ってみよう。あなたは、自分の態度が他人に与える影響を考えたことはあるだろうか。

知らない人に笑顔を向けたり、荷物を抱えた人にドアを開けてあげたりするとき、あなたは相手の一日を少しだけ明るくしている。

嫌味なお隣さんや乱暴なドライバーに会ってイヤな気分になっていた人が、あなたの小さな親切で少しは救われるかもしれない。そして、人の気分を明るくすると、自分の気分も明るくなる。だからこれはウィン・ウィンなのだ。

私の友人の持論によると、**人と会うということは、相手をいい気分にさせるか、イヤな気分にさせるかのどちらか**だという。何の印象も残さないということはありえず、必ずどちらかの気分にさせる。

自分の感情を注意して観察すると、友人の持論が完全に正しいことがわかる。ちょっとした出会いであっても、元気が出た、イライラした、恥ずかしくなった、明るくなった、心配になった、罪悪感を持った、前向きになった、自信をなくした、安心した、無視された、楽しくなったといった何らかの感情を持っている。

人は笑顔を向けられると、無意識のうちに笑顔を返す。だから最初に笑顔を向けたほうも、明るい気持ちで一日を過ごすことができるのだ。

ごくたまには、笑顔を向けてもにらまれることがある。しかし、たとえにらまれる結果になったとしても、笑顔を向けるほうがいい気分になれる。

少しばかりの親切を受け取るかどうかは相手が決めることであって、自分には関係ない。そう思うと、結果はどうであれ、自分の笑顔に満足できるようになる。

ルール49

助けを拒否する人を理解する

他人を助けるルールを集めた2章の最後に、指摘しておきたいことがある。助ける力があるからといって、必ず助けなければならないわけではないということだ。

自分が手を出せばいい結果になると確信しているとしても、大切なのは、ただいい結果を出すことではない。相手がどう思うかも同じくらい大切だ。

たいていの場合、人は誰かに助けられると「自分は大切にされている」「愛されている」と感じることができ、感謝の気持ちを持つ。しかし、そうはならないこともあるのだ。助けられたときに感じる、その他の感情には「支配されている」「子供扱いされている」「自分は無力だ」といったものがある。そうした感情と同時に、そんなふうに感じる自分を責めたり、助けを断るのは申し訳ないとも感じる。

誰かを助けるということは、相手に対して何らかの力を持つということを意味する。もちろん、あなたにそんなつもりはないだろうが、あなたの意図はここでは関係ない。

あなたの助けを拒否する人がいるのなら、おそらくこれが原因だ。「借りを作りたくない」という心理を理解すれば、助けを拒否する人の気持ちがわかるだろう。

少なくとも、一〇代の子供が助けを拒否するのは間違いなくこの理由だ。彼らは、断るときもまったく遠慮せず、次の日になれば、お金が欲しい、車で送ってほしい、欠席届けにサインしてほしい、お金が欲しい、宿題を手伝ってほしい、励ましてほしい、靴下が見つからない、お金が欲しいなどと言ってくる。

道を横断するお婆さんに手を貸そうとしたら、相手は自力で歩けるので必要ないと感じるかもしれない。そんなとき、ほとんどのお婆さんは丁寧に断ってくれるだろうが、遠慮しているのだと勘違いしてはいけない。相手の真意を読み取ろう。

あなたに借りを返すあてのない人は、あなたの助けを断るかもしれない。あなたが相手より何らかの形で上の立場にいるなら、その傾向は特に強くなるだろう。

結論はつまり、人助けをやめてはいけないが、無神経になってもいけないということだ。相手の気持ちを理解し、助けを拒否する人がいるという事実を受け入れること。ここで大切なのは、あなたではなく、助けられる人の気持ちのほうだ。

3
章

人を味方に
つけるための
30 のルール

The
Rules
of
People

あなたから見れば、母親は年を取って家事がつらそうだ。
しかし、当の母親はまだまだ大丈夫と思っている。
あなたはプロジェクト予算がまるで足りないと思っている。
しかし、上司は予算は十分だと思っている。
あなたは平日は、早く家に帰りたいと思っている。
しかし、友達は平日でも関係なしに、夜遊びに誘ってくる。

ものの見方は人によって違うものだ。
相手のものの見方を理解すれば、説得するのは簡単になる。

相手を操って丸め込むことが目的ではない。
何が何でも自分の欲しいものを手に入れることでもない。
すべての人が同じものを求めるような状況を作り出すことだ。

相手が「利用された」と感じるなら、その方法は間違いだ。
お互いに同じ目的を共有している、
そう思える関係を目指さなければならない。

ルール50

忠誠心を要求しない

まず大切なのは、忠誠心とは意図的なものではないということだ。その人の意図とは関係なく、誰かに忠誠心を感じるか、または感じないかのどちらかしかない。

以前の上司に、メンバーに忠誠心を強要する人がいた。ボスに忠誠心を捧げるのは、部下の仕事の一つだというのが彼の持論だ。

しかし、そもそも忠誠心とはそういうものではない。

〝忠誠心があるかのように行動する〟ことは、たしかに部下の仕事かもしれない。しかし、本当に忠誠心を感じるかどうかはまた別だ。

忠誠心は自分の意思でコントロールできるものではない。

部下なのだから、忠誠心を感じろというのは、理不尽な要求以外の何ものでもない。しかも、**忠誠心というのは要求されると小さくなる**のだ。

ここで安心してもらいたい。忠誠心を勝ち取るのは、信じられないほど簡単だ。方法さえわかっていれば、ほぼすべての人の忠誠心を手に入れることができる。

その方法とは、まず自分が彼らに対して忠誠心を持つこと。ただし、すぐに忠誠心を持ってくれる人と、時間がかかる人がいることは覚えておこう。

まずは、あなたから相手への忠誠心を証明しよう。方法は次の通りだ。

・陰で悪口を言ったり噂話をしない。
・〝外部の敵〟から相手を守るために行動する。
・相手の支えになり、気持ちに共感する。
・相手の意見を尊重する（相手を否定せず、別の意見を伝えることはできる）。
・相手の話を受け止める（自分の意見はとりあえず脇に置く）。
・相手がしてくれたことに感謝する。

一緒に住んでいる人、一緒に働いている人の全員に対して以上のことができたら、あなたは忠誠心のある人ばかりに囲まれることになるだろう。

ルール51

小さなことを覚えておく。無理なら記録する

私は若いころ、とある人気俳優と一緒に仕事をしたことがある。俳優はいつもたくさんの人に囲まれている。他のキャスト、撮影クルー、監督などだ。それに現場が変わるたびに周りの人たちも変わる。

私がその俳優と一緒に働いたのはほんの数日だったが、私は彼と雑談する機会があり(彼は気さくな性格で、誰とでもおしゃべりしていた)、そこで転職を考えていることを話した。

その二年後、偶然が重なり、あの俳優とまた一緒に働くことになった。とはいえ私は、自分が覚えられているとは思わなかった。なにしろ相手は人気俳優だ。

しかし彼は、私を見ると笑顔になり、転職の計画はどうなったのかと尋ねてきた。私がどんなに嬉しかったか、想像に難くないだろう。誰かにとって覚えている価値のある存在になれるのは気分がいいものだ。

相手が話していた小さな情報を忘れないことの価値を過小評価してはいけない。特に自分のほうが何らかの意味で〝上の立場〟にあるときは、その効果はさらに大きくなる。

相手の子供の名前、夏休みの旅行先、家族のお祝い事、趣味や好きな食べ物……。あなたは今「そんなこと覚えられるわけがない」と思っただろう。覚えるコツを二つ紹介しよう。

一つは、相手に本当に興味を持つこと。興味があれば覚えられる確率は高くなる。

もう一つは、忘れないうちに書いておくこと。覚えられないなら、書いておくしかない。

私のかかりつけの歯医者は、私の近況をいつも把握している。休暇の予定や、前回の診察のときに話した旅行の計画といったことだ。彼も間違いなくメモを取っているだろう。

私に興味があるふりをしながら、実際は忘れないためにメモを取っている先生に、私は気分を害しているだろうか？

もちろんそんなことはない。私のためにメモを取るという労力を費やしてくれることにも感謝している。メモにせよ、記憶にせよ、情報の保存先の違いでしかない。どちらでも、その価値に変わりはないのだ。

ルール52

空っぽのお世辞を言わない

私の知り合いに、副業で占い師をしている人がいる。彼は、占いで言うべきことのリストを作っていた。相手に「この占い師は本当に自分のことをわかっている」と思わせることができる、どんな人が相手でも通用する言葉のリストだ。

そこには「あなたはお世辞を真に受けないタイプですね」という言葉があった。相手はたいていこの〝お世辞〟を真に受けて喜び、そこにある矛盾に気づかない。

言葉の意味を考えると「空っぽのお世辞」という表現は変だ。なぜなら、お世辞はそもそも空っぽだからだ。お世辞を辞書で調べると「心の込もらないほめ言葉」といった意味が出てくるだろう。

どんなお世辞でも真に受ける人もいれば、見抜いて冷めた対応をする人もいる。たとえ前者のタイプを相手にしているときでも、お世辞を言うのはウソをついているのと同じだ。心にもないお世辞を言っていると思われるのは、避けなければならない。相手にバレるのは困るが、周りで聞いている人にバレるのはもっと困る。

軽薄な人だと思われるだけならいいが、最悪の場合、自分の言葉で墓穴を掘ることになる（「私の絵が好きだって言っていたから、新しい作品を持ってきたの。部屋に飾ってね」）。

もちろん、人をほめるのはいいことだ。ほめるのは相手を大切に思っている証拠だ。単純に、人はほめられると気分がよくなる。あなたには何も利益がなくても、相手にとっては利益になる。人をほめるのをやめる必要はない。

ただし、心ないお世辞を言わないように気をつけること。空っぽなお世辞は、あなたにとっても相手にとってもいいことはない。

うちの家系には芝居をやっている人がたくさんいるが、彼らには、友人の舞台を見ておもしろくなかったときに、どう声をかけたらいいのかわからないという悩みがあるそうだ。

こういう場合の**正しい対応は、本当に気に入った部分だけを伝えることだ。**この対応は他のどんな状況でも使うことができる。

たとえば「あなたのセリフ回しは本当にすばらしかったわ！」「美しい作品だったね！」「セリフを全部覚えたなんて信じられない。どうやって覚えたの？」といった感じだ。心にもないことは一言も言っていない。それが肝心なところだ。

ルール53

効果的にほめる

ルール52に続けて、ほめることについて、もう一つ指摘しておきたいことがある。それは、一口にほめると言ってもいろいろな種類があるということだ。

本心のほめ言葉は間違いなくいいものだが、その中でも〝普通にいいほめ言葉〟と〝すばらしくいいほめ言葉〟に分けられる。そして〝すばらしくいいほめ言葉〟を言える人はめったにいない。コツさえつかめば、あなたは貴重な存在の一人になれる。

一つ目のコツは、**具体的にほめる**こと。

「よくやった」だけでは不十分だ。この言葉から、具体的な内容につなげること。「きみはずっと明るい態度で、動じなかった。心遣いもすばらしい。飾る花の選択も、出席者のタクシーの手配も完璧だった」という言葉のほうが、ただの「よくやった」よりも断然嬉しいだろう。しかも口先だけでなく、相手の貢献を認識して、心から感謝しているからこそ出てくる言葉だ。

次に、**相手の貢献について話し合う**といい。人は自分の話をするのが好きだからだ。「あのスライドは最高だったね。どこで見つけたの？」「プレゼンは全部自分で作ったの？」などと質問しよう。

そして要注意なのは、**最後に「でも」をつけない**こと。「でも、次のプレゼンは一五分に収まるようにね」と言われたら、それまでのいい気分も台無しだ。いくら完璧にほめていても、最後にこれをやってしまっては、一〇点満点を取ることはできない。


人間には「認められたい」という欲求がある。だから、誰かが本当にすごいことをしたら、より改まった形で、周りにもわかるようにその人をほめるようにしよう。

相手が部下であれば、功績を記録し、ほめるメールをチームの全員に送る。相手が尊敬している人たちの前で功績をたたえる。他の人も相手をほめていたら、それを本人に伝える。「彼女が言っていたよ。きみのおかげで落ち着いて結婚式を乗り切ることができたって。いつでも状況を把握していてくれたからすごく助かったって」というように。

さあ、これであなたは〝一〇点満点のほめテクニック〟を手に入れた。ほめ上手になると、人に「自分は価値がある」と思わせることができるというおまけもついてくる。

ルール54

適切な用量を守ってほめる

ほめるのがそんなにいいなら、たくさんほめればほめるほどいいのでは――あなたはそう考えているかもしれないが、ほめすぎるのはかえって逆効果だ。

ほめすぎの害が大きいのは、子供を相手にするときだ。「頭がいいね」「すごいね」と子供をほめちぎる親がいるが、これはいちばんやってはいけないことだ。子供はまだ発達途上にある。努力をほめるのはいいが、結果をほめすぎると、成長が止まってしまいかねない。

過剰にほめる行為は、相手の上に立っている印象を与えることもあるし、何より、口先だけの人だと受け取られかねない。

大げさにほめてばかりいると「本当にありがとう！　あなたって最高！」と言っても、他の人の「ああ、どうも」と同じ程度に思われるようになってしまう。

ほめすぎには、別の大きな問題もある。**どんなに大げさにほめられても、本人は自分の実力がわかっている。**それでも、ほめてくれる人の期待に応えようとして、大きなプレッシャーを背負ってしまうのだ。

私の妻は、よく家族のイベントを企画してくれる。妻はこの手のことが得意で、達人と言ってもいい。いつもイベントが終わると、参加者が口々に妻をほめるのだが、実は妻はあまりいい気分ではないという。妻はこう言っている。

「私が何かすごいことをしたみたいに言うけれど、本当に簡単なことなのよ。あれぐらいでほめられるなんて、私がよっぽどできない人みたいじゃない」

妻が望んでいたのは、こういう言葉だ。「本当にすばらしいイベントだった。もちろんあなたなら、あれぐらいできて当たり前だけどね」。これなら妻も喜んだだろう。

他には、ほめるのではなく感謝するという選択肢もある。私の妻も、自分の仕事に感謝されるのは好きだった。**感謝の言葉でも、同時に承認を伝えることはできる**のだ。

以上のことを考慮に入れておけば、「ほめ」の正しい用量を守ることができる。もし自信がなかったら（自信があってもだ）一般的なほめ言葉を少なくすることを心がける。

ただの「よくやった」という言葉ではなく、前のルールでも見たように、具体的な例をあげてほめること。そうすれば相手はあなたに感謝し、そしてあなたは「ほめ」の正しい用量で悩むこともない。

ルール55

周囲の人の好きなところを見つける

好かれたいという気持ちはみな同じだが、その程度は人によって異なる。「すべてを犠牲にしてもどうしても好かれたい」という人もいれば「できれば好かれたいけれど、他のことを犠牲にする気はない」という人もいる。

両者の間にもさまざまな段階があり、はっきり二つのグループに分けられるわけではない。目の前の相手がどの程度の段階かを見きわめるのはとても大切なことだ。

好きという気持ちは双方向だ。自分を嫌う人を好きになることはめったにない。また「自分のことを好きだろうな」と思っている相手に、より協力的になる人もいる。自分を嫌っている人に協力しなくても、失うものは特にないからだ。

あなたが相手のことが本当に好きなら、その気持ちは自然と伝わるものだ。お互いに好きであるということは暗黙の了解だ。特に意識してすべきことはない。

嫌いな人が相手の場合はどうしたらいいだろうか。これは厄介な問題だ。

こちらが嫌っていることは、相手も当然感じ取っている。彼らは、あなたを助けようとはしないだろう。その結果、あなたはますます彼らが嫌いになる――これで悪循環の完成だ。

このままでいいなら、この悪循環を断ち切る必要はない。しかし、あなたはこのままではよくないと思っているはずだ。

他人から最高の部分を引き出す人物になろうと思うなら、偏屈で、面倒で、イライラする人も好きにならなければならない。たしかに難しいことだが、不可能ではない。

コツは、彼らのすべてを好きになろうとしないことだ。しかし、**どんな人でも探せば一つぐらいは好きになれるところがある。**彼らのパートナーは、どこが好きなのだろうか？

彼らのことを、かわいそうな人だと思うことから始めるという方法もある。シェイクスピアが言うように、かわいそうだと思うことは愛の一段階だ。

とにかく何か一つでも見つければ「嫌いではない」という地点に到達できる。そこから少しずつ「好き」の領域に入っていこう。折にふれて心からほめる、目が合ったら笑顔になるなどの方法で、こちらの好意が相手にも伝わるように努めるのだ。

ルール56

尊敬を勝ち取る

これはルール55の逆バージョンだ。

すべての人から好かれるのは不可能だ。特に、あなたを嫌っている人から好かれるようになるのは困難だ。人は好きな人には喜んで協力するものだが、あなたを嫌う人が、進んであなたに協力することはないだろう。

お世辞を言っても、花や手作りケーキをプレゼントしても、彼らに好かれることはできない。見え透いた好かれるための努力はすべて空回りするだろう。

実際のところ、好かれるための努力に意味はない。必死になって好かれようとすると、敬意を失うことになるからだ。

人は尊敬する人のことは嫌いになれないものだ。**あなたを尊敬する人は、親友にはならないかもしれないが、あなたに十分な好意を持っている。**

人から尊敬される方法は、つまるところ次の三点に集約されるだろう。

・自分の役割において有能である
・自分が有能であることを知っている
・人間的に高潔である

職場でも、友人関係でも、地域の活動でも、役割をきちんと果たすことは大切だが、有能さとは、締め切りを守るとか、目標を達成するというレベルのことではない。

有能な人は、さりげなく優雅にいい仕事をする。ことさら忙しさをアピールしたり、人に当たり散らしたりすることはない。

有能であるだけでなく、自分が有能であることを知っている必要もある。いつも他人の承認を求めるような人は、尊敬されないからだ。むしろただの面倒な人になってしまう。

そして最後の〝高潔さ〟について。真に有能な人は、決して自分の原則を曲げない。ごく小さな行動から大きな行動まで、自分の価値観を守り通す。そして、周りの人に敬意を払い、いざというときは彼らのために立ち上がる。

以上を実践すれば（これは決して難しいことではない）、誰もがあなたを尊敬せざるをえなくなるはずだ。尊敬を勝ち取れば、それはすでに十分な好意を勝ち得たことなのだ。

ルール57

ユーモアのある人になる

ユーモアのある人を好きになるのは簡単だ。誰かを笑わせることができれば、その人はほぼ確実にあなたのことが好きになる。

とはいえ、一日に何回笑いを取らなければならないとか、そういう話ではない。ここで言う〝ユーモアのある人〟とは、お笑い芸人のことではない。

まず、ここでユーモアにありがちな誤解を解いておこう。次のようなユーモアは避けなければならない。

・同僚、家族、友人など、身近な誰かを笑いものにすること
・いたずら全般
・性差別、人種差別、障害者差別につながるような特定のグループを傷つけるジョーク

同じグループではない人を笑いものにすることは感心できないが、唯一の例外は、有名人に対する風刺や皮肉だ。総理大臣や大統領に対してなら、たまにチクッと言ってもかまわない。ただし節度をわきまえるように。

さて、ユーモアのある人になるにはどうすればいいのだろうか。

ユーモアには、さまざまな種類がある。ウィット、意外な対比、おもしろいダジャレ、皮肉……。人によって、得意なジャンルがあるはずだ。合わないジャンルで無理をするのはやめたほうがいい。ユーモアには向き不向きがある。

どんな人でもマスターできて、**人から高確率で好かれるユーモアのジャンルが一つだけある。それは〝自虐ユーモア〟だ。**自分を笑うことなら誰にでもできる。

「一日に何回自虐ユーモアを披露する」という決まりはない。ただチャンスがあったら、それを逃さなければいいだけだ。数少ない機会でも、自分を笑いものにできる器の大きさは、周りの人に十分伝わるだろう。

自虐ユーモアには一つだけ注意点がある。それは、グループ内での自分の地位を下げないようにするということだ。自分の仕事の段取りが悪いせいで大変なことになったという笑い話を何度もしていたら、職場の人たちから仕事の面で信用されなくなる恐れがある。

ルール58

自分の間違いを認める

以前の上司に、私が心から尊敬する人がいた。仕事の才能があり、上司だからと命令することはせず、チームメンバーの話を聞き、対等の共同作業ができる人だった。その上司から聞いた、彼が若いころの失敗談が今でも印象に残っている。

ある新製品の発売に当たって、上司は絶対に失敗すると反対したのだそうだ。しかし、同僚が反対を押し切って発売したところ、会社でいちばんのヒット商品になったという。上司は「私の意見が採用されなくてよかったよ」という言葉で、その昔話を締めくくった。

私はその話を聞いてどう思っただろうか。

「無能な男だ。とんでもない大失敗じゃないか。よくここまで出世できたな」——私はそんなことは一切思わなかった。実際に思ったのは、こういうことだ。

「彼の判断はいつも的確だ。数少ない失敗を認められるのは、謙虚な人柄の表れだ。親しみを感じることができるし、失敗は誰でもすると安心できる」

自分の失敗を素直に認められる上司なら、部下の失敗にも理解を示すはずだ。これは部下にとってとても大きな安心材料であり、おかげで心配を恐れずに挑戦できる。

こんな話もある。以前、友人の子供を預かったときのことだ。何を食べさせればいいか友人に尋ねたところ、こんな答えが返ってきた。

「ものすごく好き嫌いが激しいの。私が悪いのよ。小さいころに甘やかしちゃったから」

親として子育ての失敗を認めるのは勇気がいることだ。この答えを聞いて、私は彼女のことがさらに好きになった。

あの上司はなぜ失敗を認められたのか——それは自信があるからだ。失敗から学び、今では自分の判断に自信を持っている。だから、自分のダメな過去を認めることができたのだ。

失敗を認めたがらない人は、たいてい自信がない。周りの人から、無能、経験不足、使えないなどと思われるのを恐れている。その結果、失敗を認められず、虚勢を張っている印象を与えてしまう。

実際のところ、**失敗を認めないのは、自分らしさや謙虚な面を隠しているのと同じ**なのだ。それ自体が、すでに大きな失敗ではないだろうか？

ルール59

イライラするのは自分のせいだと考える

以前の職場に、仕事中に大声で歌う同僚がいた。気さくな男だったが、同じ部屋にいる私は彼の歌声のせいで、仕事にまったく集中できなかった。そのことを彼に言うと「クソ真面目にならずに、人生を楽しめ」と言われてしまった。

当時は腹が立ったが、今考えれば、彼の言い分にも一理ある。他人にイライラする原因は自分自身にあるとわかってきたからだ。つまり、イライラするのは私の反応の問題なのだ。

イライラを感じた時点で、私には二つの選択肢がある。

一つの選択肢は、状況に抗うことだ。文句を言ったり、にらみつけたりして、相手がそれをやめることを願う。こうしていると、相手の行為がもっと気になるようになる。相手がその行為を始めると「ほらね。また始まった」と確認して納得し、イライラする。

では、どうすればいいのかといえば、答えは単純だ。

イライラする行為を含めて彼らはそういう人間であり、自分は他人を変えることはできないと受け入れることだ。

あなたが変えられるのは自分だけだ。だから、**相手を変えるのではなく、相手の行為に対する自分の反応を変える**のだ。

たとえば、相手の行動の理由を考え、同情するという方法がある。

物事のいい面を見るという方法もある。あの同僚は、明るい性格であることは間違いなかった。陰気な同僚と机を並べるより、はるかにましだったのだろう。

他にも、イライラする状況から自衛する方法もある。歌う同僚のケースなら、耳栓をする、音楽を聴く、集中力が必要な仕事は同僚がいないときにする、などの対策が考えられる。

私たち夫婦の友人にも、この種のイライラする行為をする人がいる。子供を必要以上に甘やかすとか、人前でパートナーをけなすといったことだ。

私たち夫婦は、後で「今日もやっていたね」と確認することにしている。おもしろいので、むしろ楽しみになるほどだ。しかし、これはごく親しい人との間にとどめておくべきだ。

さまざまな対策を紹介したが、どれも「他人や状況を変えようとするのをやめる」という第一段階をクリアする必要がある。そして、第二段階で、自分ができることをするのだ。

ルール60

周囲の人との共通点を探す

会社の同僚、子供の送り迎えで顔を合わせる人、仕事のクライアント、近所の人、義理の姉妹のおばさん……こういった、いわゆる〝顔見知り〟の人といい関係を築いておくと、お互いがハッピーになれるだけではない。いい関係の人には、味方になってもらって助けられる事態が必ず訪れる。

彼らといい関係になる方法は、お互いの共通点を見つけることだ。同じものが好き、同じものが嫌い、同じような心配事がある、同じ地域の出身、同じ映画が好き、といったことだ。ときには、特に探さなくてもすぐに見つかることもある。たとえば相手がサッカーのユニフォームを着ていたり、好きな選手のポスターを部屋に貼っているなら、あなたはただ、それを話題にすればいいだけだ。

「マンチェスター・ユナイテッドのサポーターなんだね。自分はチェルシーのサポーターなんだけど、土曜の試合は見た?」とでも言えば、つかみは完璧だ。折にふれて話題にすれば、お互いに共通点があることを思い出すことができる。

もちろん、いつでも簡単に見つかるわけではない。しかし私の経験から言えば、**相手についてて質問し、その答えをきちんと聞けば、共通点は必ず見つかる。**

私の場合、得意の話題は子供関係だ。私の子供は、上から下までかなり年が離れているので、小さい子供を持つ親とも、すでに孫がいる人とも共通点はすぐ見つかる。他にもクラシックカーやガーデニングの趣味を持つ人なら、すぐに自分の同類を見つけ出せる。

とにかく見つかるまであきらめずに探し続けよう。近所の人が、スイミング教室に子供を迎えに行くところなら、自分の子供も水泳が好きだと言及する。来週は休暇で留守にすると言われたら、行き先を尋ねる。もしかしたら、あなたも好きな旅先かもしれない。

何のつながりもなかった人との間に共通点が見つかるのは、なぜかとても嬉しいものだ。だからどんどん見つけていこう。そして、**共通点があって嬉しいという気持ちを、積極的に相手に伝えよう。**これでただの知り合いだった人と、友達になることができる。

そして、折にふれてその話題を出すことで、相手との間に特別な絆を作るのだ。他人との共通点を確認するのはいいことなのだ。

ルール61

相手に合わせた言葉づかいをする

このルールは、コツをつかむまでは少し難しいかもしれない。

直感的にできる人も中にはいるが、たいていの人は意識して努力する必要がある。少なくとも慣れるまでは努力が必要だ。

以前の同僚にこのルールの達人がいた。

当時の仕事は、多種多様のクライアントを相手にしていたのだが、この同僚は、クライアントによって巧みに話し方を変えていた。人によっては丁寧に、別の人には親しげに、またある人には無駄話をせずビジネスライクにと、微妙に対応を変えていたのだ（がらりと変えるわけではない。おそらくたいていの人は、その変化に気づかないだろう）。

大切なのは、嘘くさくならず、ごく自然にやるということだが、同僚はこの点で完璧だった。すばらしいのは、どの彼女も、すべて本当の彼女の一面だったことだ。

ここで、汚い言葉を例に考えてみよう。

自分が今まで言った中でいちばん汚い言葉を思い出してみよう。親友やパートナーなど、いちばん安心して自分を出せる人と一緒にいるときに言うような言葉だ。

そして次に、誰の前ならその言葉を絶対に言わないか考えてみよう。お祖父さんだろうか？　それとも社長？　初めて会う顧客？　五歳の子供？

私が言いたいのはそういうことだ。あなたという人間は変わらないが、人によって使う言葉を変えている。ある人の前では汚い言葉を使い、ある人の前では使わない。

このルールを言い換えれば**〝人によって前面に出す自分を変える〟**ということだ。

ある人には敬語で話し、その隣の人にはくだけた口調で話したりすることもあるだろう。どちらの人も、あなたとは同じような関係だ。それでもそうやって対応を変えるのは、Aさんは丁寧な対応が好きで、Bさんは対等の関係が好きだと知っているからだ。

相手の話し方、態度、言葉づかいなどを読み取れば、自分も相手のモードに合わせることができる。相手は、あなたのことを話しやすい人だと感じ、自分でも気づかないうちにあなたに感謝するようになるだろう。

ルール62
同意できる部分を探す

たいていの人は、自分に同意してくれる人に同意するものだ。この事実を覚えておいて損はない。

提案をした人や、提案を支持した人は、自分が間違っていたことは認めたくない。その提案を推し進めるために、提案に賛成してくれる人を歓迎する。

問題は、相手の提案に賛成できず、かといって、こちらの提案を押し通せば、相手の協力は得られないというケースだ。

そんなとき、たいてい人は〝もしかしたら相手のほうが正しいかもしれない〟という可能性を考えることができない。あるいは、相手はあなたと同じくらい正しいかもしれない。たいていの物事は、正しい方法は一つだけではない。あなたの提案でもいいが、相手の提案でもいいのではないだろうか。

たとえば、あなたは何もせずにビーチでのんびりしたいと思っていて、パートナーは小さな船を借りて運河の上で一週間過ごしたいというのなら、今回は相手の希望に合わせてもいいのではないだろうか。

次の休暇はあなたの希望で決めると約束することもできる。それに、船の上で過ごす一週間も、もしかしたら思っていたよりずっと楽しいかもしれない。

すべてのプロジェクトは二つの要素でできている。一つは目的地、もう一つはそこまでの道のりだ。**目的地を共有しているなら、道のりは相手に選んでもらったほうがいい。**

たとえば、ある展示会への出展についての会議で、メンバーの一人から反対されたとする。あなたが責任者なら、反対したメンバーには商品陳列の責任者として自由にやってもらう。サポートはするが、余計な口出しはしない。

そのメンバーにその手の仕事は無理だというのなら、ロジスティクスをまかせてもいいし、事前の宣伝をまかせてもいい。とにかく何かをまかせよう。

大切なのは、反対者に何らかの役割を与え、いい仕事をしようというモチベーションを高めてもらうことだ。展示会への出展が大成功に終わったとしても、絶対に「言う通りにやってよかったでしょう」などとは言ってはいけない。

ルール63

自分のアイデアを人の手柄にする

ルール62で見たように、人は自分の意見に賛成する。この原則を掘り下げると、「自分の意見」というよりも「自分のものだと信じている意見」に賛成するということがわかる。そこで理論上は「これは自分の意見だ」と信じさせれば、どんな意見であっても同意させることは可能になることになる。

この方法がうまくいけば、すべての人が勝者になれる。あなたにとっても、相手にとっても、自分の意見が通ったことになるからだ。

このテクニックはさりげなく使わなければならない。それに効果があるのは初期段階だけだ。あるアイデアについて誰かと大激論を戦わせてしまったら、そのアイデアを相手のものだと信じさせようとしても無理な話だ。

ある高校の理事をしている知り合いは、このテクニックの達人だ。理事会のメンバーは多種多様だが、毎回意見が割れていては、学校の経営はうまくいかない。

ここで肝心なのは、相手の手柄にすることだ。相手が提案したアイデアだと言ってしまえば、相手も「それは違う」と言いにくくなる。

相手の話をよく聞いて、説得できそうな糸口を探る。

たとえば、学校が規模の拡大を計画しているが、ある理事が「生徒が増えると家庭的な雰囲気が消えて、大学と同じになってしまう」と反対したとしよう。あなたは、こう答える。「おっしゃる通りです。生徒が成長するには、広い世界に目を向けて、大学に備えなければなりませんね。その視点がありませんでした。ありがとうございます」

または、こんな言い方もある。

「あなたの意見を聞いて、このアイデアのよさに改めて気づいたんです」

「それは本当にいいアイデアですね。それなら、こうも考えられませんか？」

相手に思い通りの言葉を言わせることはできないが、相手の発言をふくらませることはできる。

このテクニックを使うときは、こちらの意図を悟られないように注意しなければならない。うまくいくのは、相手が気分よく信じてくれたときだけだ。

ルール64

「あなたは間違っている」と言わない

あなたが正しければ、中立の人は正しいほうの味方をする。しかし、反対している人は、どうすればいいのだろうか。

まず考えなければならないのは、ここまでのルールでも見たように、相手が正しいかもしれないということだ。よく考えたうえでその可能性はないと判断したら、次はどうすればいいのだろう。明らかに、間違った意見を持っている人を説得し、こちら側についてもらうにはどうすればいいのだろうか。

ここでの目的は、彼らに自分の愚かさを自覚してもらうことではない。目指すべきは、彼らと反対の意見を述べながら、彼らを味方に引き入れることだ。

自分の意見を真っ向から否定された場合、反対意見を取り下げたとしても、あなたへの恨みは消えず、何かと足を引っぱるようなことになるだろう。これでは反対しているのと結局は同じことだ。

当面の問題は「あなたは間違っている」とはっきり言わずに、それでも間違っていると自覚してもらうこと。それには、相手に逃げ道を用意することだ。**メンツをつぶさず意見を取り下げられるように、言葉を選んで、協力的な表現を使う。**いくつか例を紹介しよう。

・「それは違うんじゃないかな?」「そうではないかもしれない」「どうだろう?」など
・「私は違う意見です」（相手の間違いではなく、自分の意見は違うと強調する）
・「私は違う見方をしている」「そういうふうには見ていない」
・「データを見るとどうも違うようだけど……」
・「この点はたしかにあなたが正しい」（同意できるポイントから自分の意見につなげる）

あまりにおどおどしていたら、こちらの意見をはっきり伝えることはできない。反対にあまりに攻撃的だと、相手を遠ざけるだけだ。優しく、しかもきっぱりとした口調が正解だ。

このテクニックをマスターすれば、険悪な雰囲気にならずに反対者を味方につけることができるようになるだろう。

ルール65
協力するチームを築く

同じ目的を共有した集団は、メンバー全員が一つになり、前向きに協力することができる。

仕事でまだキャリアが浅いなら、あなたの力で、職場でこうした状態を実現するのは難しいかもしれない。リーダーシップを発揮する日のために、家族や地元コミュニティなど、仕事以外の場で協力関係を築くスキルを磨いておこう。

基本戦略はシンプルだ。それは、**個人目標ではなく、集団としての目標を設定し、集団として報酬を受け取る**ことだ。チーム全体でいい仕事をして、チーム全体で報酬を受け取る。

個々の功績によって、個別に報酬を与えてもかまわないが、チーム内の競争につながらないようにするべきだ。いちばん大切なのはチーム全体で前に進むことだからだ。

チーム全員がこの原則を理解すれば、日々の仕事で協力するのはずっと簡単になる。あなたがするべきは、そのための環境を整えることだ。いくつか方法を紹介しよう。

・重要な決断には、メンバー全員を参加させる。
・メンバーそれぞれの長所を活かす。
・手柄、報酬、楽しい仕事を分け合う。
・メンバー同士で知識を共有する。
・すべての提案を歓迎する（悪いアイデアは採用しなければいいだけだ）。

チーム内にさらに小さなチームがある場合は、メンバーに自分のチームを選ばせるといい。人は、協力したい相手と一緒に働くほうが、より幸せで、協力的になれるからだ。

人それぞれで、どうしても相性の悪い人というのも存在する。いくらリーダーがチームの協調性を大切にしていても、相性の悪さはどうしようもない。

メンバーがいい仕事をしようと思っているなら、ただ仲がよいという理由だけでチームのメンバーを選んだりしないはずだ。チームにはまとめ役が必要であることや、それぞれ違った強みのある人が必要なことを理解するだろう。

メンバーを信用し、個人の裁量にまかせることが、生産性の高いチーム作りにつながる最善の方法なのだ。

ルール66

自分の弱さを見せる

経験を積み、上の立場になるほど、自分を完全無欠の人間に見せたくなる。部下から承認され、尊敬されたいからだ。思いやりにあふれ、すべてを把握していて、何でもこなせる。――まるで〝神〟とでも言われるような人間を理想とするようになるのだ。

しかし、あなたの隣にいつもそんな人がいたらどう感じるだろうか。**神様がどれほど愛にあふれた存在であっても、隣にいたらリラックスできない**のではないだろうか。

もう一つの大きな問題は、周りから「あの人に助けは必要ない」と思われることだ。一人で何でもできるのだから、わざわざ手を出すことはないではないか？

つい先日、まさにこのタイプの人と遭遇した。彼女の仕事はコーチ（話を聞き、人を育てるのが役割だ）なのだが、完璧なプログラムを組み立て、すべて思い通りに動かしていた。

彼女に「助けが必要だ」と言われても、とても信じられないだろう。実際彼女は、誰の助けも必要としていなかった。

しかし、すでに見てきたように、周りの人を味方につけるのは大切なことだ。チームメンバーの協力があって初めて、チームは大きな報酬を受け取ることができる。そう考えれば、一人で何でもできる人という印象を与えるのは、無意味だということがわかる。

たしかに「あの人は一人で何もできない」と思われるよりは「一人で何でもできる」と思われたほうがましだろう。何らかの形で人の上に立つなら、信用されることはとても大切だ。

つまり、ここで大切なのはバランスだ。何もできない人でも困るし、完璧な人でも困る。あなたが上司でも、父親や母親でも、地元の組織のトップでも、この原則はあてはまる。

身近にいる最高の上司、最高の親、最高のリーダーを観察してみよう。彼らは上手にバランスを保っているはずだ。自信があり、尊敬されているが、人間らしい弱さも見せている。

あなたも自分の弱さを見せよう。

たまには自虐的なジョークを言う。ちょっとした頼み事をするという方法もある。

ここでの目的は、あなたもときには周りの助けが必要であり、すべてを円滑に進めるためにはメンバーの助けが欠かせないとわかってもらうことだ。神様を目指す必要はない。有能な人間でいればそれで十分なのだ。

ルール67
チームで情報を共有する

子供時代の友人の母親は、何事もギリギリまで子供に伝えなかった。どうやら彼女は、子供には必要最小限の情報だけを与えるのが親の務めだと考えていたようだ。

彼女は多くの点ですばらしい母親だった。しかし、大事な情報をギリギリまで伝えなかったり、勝手に物事を決めたりするのが、友人にとっては大いに不満だった。

彼は大きくなると、家の仕事をまかされるようになった。用事を言いつけられると、彼は理由を尋ねた（「なんでテーブルをキッチンの外に出すの？」「なんでもう夜なのに卵を買いにいかなければならないの？」といった質問だ）。しかし、母親は「知らなくてもいいことよ」「あなたには関係ないの」という言葉で真相を隠していた。

その状態が長年続いた結果、私の友人は、自分は家族の「正規会員」ではないという感覚を持つようになった。彼はこの状況を楽しんでもいたが、疎外感は隠せなかった。後から理由がわかったときに（たとえば、テーブルをキッチンから出す理由）、それならもっといい方法があったのにとも思った。だがそれを提案しようにも、すでに遅すぎる。

すべて自分で決めるほうが簡単かもしれないし、何も知らせなければじゃまもされないかもしれない。しかし、情報を共有しなければ、チームの一体感も生まれない。

たとえメンバーが知る必要のない情報だとしても、チームの一員として信頼されているという感覚を持つためには、情報を共有しなければならない。

共有するべきは情報だけではない。同じ目標に向かう仲間なら、知識、コントロール、権限、手柄を共有するべきだ。上に立つ立場になると、それらを共有するのは怖いかもしれないが、共有しないことのリスクのほうがはるかに大きい。

家族の記念行事を計画するときも、セールスチームを率いるときも、地域活動を組織するときも、メンバーにやる気を出してもらうにはチームの一員として認めることが必要だ。彼らも当事者になりたいと思っている。

誰でもチームでの自分の役割を知り、意味のある貢献をしたいと思っている。こういった願いをかなえる方法は、共有することだけだ。リーダーが共有する姿勢を見せれば、メンバーは努力や献身という形で応えてくれるのだ。

ルール68

感謝の達人になる

感謝することもスキルの一種だ。ただ「ありがとう」と言うことは大切だが、もっとよい感謝の伝え方もある。〝感謝の達人〟になる方法を考えていこう。

最初のステップは、正しい用量を守ること。感謝が足りないのはよくないのは当然だが、感謝のしすぎも考えものだ。ささいなことで大げさに感謝されたら、バカにされたように感じる人もいる。

そもそも、何をしてくれたのか？　感謝を伝える前に、相手の貢献についてよく考えよう。お茶を淹れてもらうたびに毎回分析する必要はないかもしれないが、プロジェクトで成果を上げてくれた、結婚式の準備を手伝ってくれた、何時間もかけて調べ物をしてくれたといった場合なら、相手の貢献をよく考え、適切に感謝しなければならない。

そして〝感謝していることを具体的に相手に伝える〟。これが正しい感謝のあり方だ。

相手の忍耐強さに感謝しているのか？

何日も残業してくれたことなのか？

細部によく気づいてくれることなのか？

彼らの優しさ？　非常事態でも落ち着いていること？

具体的に言葉にして伝えよう。**相手は自分のしたことはわかっているが、あなたがそれをどう思っているかはわからない。だからはっきり伝えるべきなのだ。**

次に、どうやって感謝するかを考える。ここでは、相手の人となりも考慮に入れる必要がある。感謝のされ方にも好みがあるからだ。

個人的にお礼を言われるのが好きな人もいるし、お礼のギフトを喜ぶ人や、人前で感謝されるのが好きな人もいる。

予想外の感謝は、予想していた感謝よりも効果が大きい。思いがけないお礼のギフトや電話は、儀礼的なお礼よりずっと効果がある。

つまり、大切なのは、相手に「きちんと感謝されている」と感じてもらうということだ。いつも感謝しているからといって、おざなりになってはいけない。できるだけ具体的に感謝し、相手の貢献をきちんと認識していることを伝えるようにしよう。

ルール69

やる気が出るポイントを刺激する

やる気が出るポイントというのは人それぞれだ。これを見つけるのは大変だが、だからこそおもしろいとも言える。私は周囲の人のやる気のポイントを探すのが大好きだ。

「仕事のやる気の元はお金しかないでしょ」と思うかもしれないが、実際、お金だけで動く人というのは、世間で思われているよりもずっと少ないのだ。

同僚に、ミーティング中は厄介な存在だが、重要人物として扱えば上機嫌な人がいる。そこが彼女のやる気ポイントだ。彼女の意見をほめ、貢献に感謝するのは簡単で、しかもそれはウソではない。重要人物として扱うかぎり、彼女は喜んで私の望み通りに動いてくれる。

いちばん欲しいのは〝責任〟だという人はたくさんいる。いずれは責任に見合う地位やお金も欲しくなるかもしれないが、それがいちばんではない。彼らが求めるのは〝大きな仕事をまかされること〟だ。自分の能力を、自分自身に対しても証明したいと思っている。

〝挑戦〟が大切だという人もいる。これは責任と似ているが同じではない。挑戦が好きな人は、新しいことや、さらに難しい仕事がないと、仕事に飽きてしまう。彼らを手放したくないなら、手ごたえのある仕事を与えるといい。

いちばん大切なのは〝自由〟だという人もいる。私の周囲にも、職場、知人や友人、家族の中にもいる。彼らが望むのは、ただ目的地だけを指示されることだ。どうやってそこへ行くかは、すべて自分で決めたいと思っている（考えてみれば、私自身もそのタイプだ）。

彼らが何よりも重んじるのは自主性だ。一人で行動するときでも、チームを率いるときでもそれは変わらない。自主性を発揮できるようにすれば、彼らは味方にすることができる。たいていの場合、彼らは自分がやるべきことをわかっている。もしわかっていないようなら、なかなか厄介な状況だが、対策はある。彼らにできる範囲のプロジェクトをまかせるか、または明確な達成基準を決めておけばいい。

たいていの人が、複数のやる気のポイントを持っている。その中にも、特別に強いポイントと、そうでもないポイントがある。相手にとっていちばん大切なものがわかれば、やる気を出させるのは難しくない。

ルール70

建設的に批判する

人を批判するときは細心の注意が必要だ。批判する前にするべき最初のステップは、本当に批判する必要があるのか確認すること。

まず、一歩引いて全体像を眺めてみる。批判するのが正しいときもたしかにあるが、一方で何も言わないのがいちばんいい場合もある。

指摘する価値はあるかもしれないが、タイミングは今ではないというケースもある。たとえば、舞台初日の開演を五分後に控えた役者に、演技の批判をしてもしかたがない。しかし翌日であれば、批判を自分の中で消化し、次の舞台に活かせるかもしれない。

相手が変えられないところを批判するのは最悪だ。完全に相手のやる気をそいでしまう。役者の友人に向かって「その役には年を取りすぎている」などと言ってはいけない。今日の午後に大きなプレゼンを控えている人に「一からやり直せ」と言ってもいけない。

相手にできることは何もないのなら、何も言わないことだ。相手が自己嫌悪に陥るようなことを言っても、あなたが得るものは何もない。何も言わないほうがよっぽどました。

批判するときの一般的なルールは、**ネガティブなことを言う前に、ポジティブなコメントをする。そして最後もポジティブなコメントで締める**ということだ。

たとえば「ビジネスモデルがすばらしいと思う。財務計画はもう少し詳しいほうがいいかな。特にキャッシュフローの予測がね……」と言ってから、最後に「でも顧客プロファイリングはよくできている。さすがだね」というコメントで締める。

批判されるのが好きな人などいない。もちろん、誰でも向上心はあって、そのために批判を受ける必要もあるのだが、それでも批判の言葉を聞くのはつらいものだ。

そこであなたにできるのは、相手を具体的にほめること。そして批判するときは、個人攻撃にならないように注意することだ。

たとえば、「もっと大きな声を出せ」と言う代わりに「後ろの席は声が届きにくいんだ」と言う。「きみのレポートはわかりにくかったよ」と言うのではなく「フォントは一種類にしたほうが読みやすいんだ」と言う。

本当に役に立つポジティブなフィードバックをもらったと相手が感じたのなら、あなたの批判は成功だ。

ルール71

相手の感情に同意する

昔の私は、母親と口論になることがときどきあった。きっかけは、母が何かに文句を言い、私がそれに反論することだ。

たとえば母が郵便局で待たされることに文句を言ったとしよう。私は、母の前に並んでいるのがお年寄りだったら、多少は時間がかかってもしかたないだろうと考える。

私がそう伝えると、母はむきになって言い返す。「もっとスタッフを増やせ」とか「急ぐ人専用の窓口を作れ」とか「自分の前に並んでいた人は若かった」とか言い出すのだ。

なぜこうなってしまうのかいつも謎だった。一度口論が始まると、なかなか抜け出せない。

私がこうなるのは母と話しているときだけではなかった。もっと早く原因に気づくべきだったのだ。**私は、フェアでバランスが取れた意見を言っているつもりだが、相手は自分が否定されたように感じる。だからヒートアップしてしまうのだ。**

ついに私も理解した。私が反対意見を出すかぎり、口論を避ける道はない。私に残された道は、母に同意して「郵便局で一五分も待たされるのは本当にひどい」と認めることだけだ。

本当に相手の意見に賛成できないときはどうすればいいのだろうか。たとえば、母が近所の人が身勝手すぎるとグチを言うが、私から見れば近所の人のほうが正しいとしたら？　心にもないことを言わず、しかも言い争いにならないようにするには、いったいどうすればいいのだろうか。ウソをつかずに、言い争いにならないためには、どうすればいいのか。

説明しよう。これは、相手の感情を認めるというルールとも関係している。

母にコメントを求められたら、母の感情にだけコメントする。たとえば「母さんならそれは怒るだろうね」というように。これで母の感情を認め、口論を避けることもできる。ここで私は、自分も同感だとは言っていない。ただ母の感情を認めただけだ。

今の私は、この方法をよく使っている。誰かの怒りを共有できないときは、この方法が役に立つ。実際、このような会話では、私個人の意見は求められてはいない。

相手は、自分の感情のことしか考えられない状態で、私の感情には頭が回らないのだ。彼らは勝手に、私も同じ意見だと思っている。そして私は、心穏やかにいられる。

ルール72

相手に勝たせてあなたも勝つ

交渉の果たす役割は大きい。ビジネスの契約でも、親の介護の分担をきょうだいと話し合うときでも、上司に昇給を要求するときでも、子供の寝る時間を決めるときでも、食事の割り勘の計算でも、相手の感情を推し量り、協力的になってもらう方法を探る必要がある。ありがたいことに、交渉に求める基本的な条件はほぼ万人に共通している。その条件とは、勝つことだ。相手に勝たせれば、相手は喜んであなたに合意するだろう。

もし相手に勝たせたら、自分は負けてしまうではないか？　ところが、これが交渉のおもしろいところだ。**相手に勝たせて、あなたも勝つことができる。あなたはすべての交渉でこの結果を目指さなければならない。**実際のところ、このウィン・ウィン以外にうまくいく結果は存在しないのだ。

単純な交渉を例に考えてみよう。屋台での買い物だ。

屋台では値切るのが普通で、お客は言い値では買わない。店主と客の値段の交渉は、原始的ではあるが、立派なビジネスの交渉だ。こうした交渉の落としどころは、相手の言う値段と、自分の言う値段の中間あたりだ。この交渉で勝ったのは誰だろう？

勝ったのはあなただ。あなたが納得して商品を手に入れたのなら、あなたは勝ったことになる。店主のほうも、値段に納得できないなら売らないという選択肢もあった。つまり売ったということは、店主も納得しているということで、店主もまた勝者になる。

もう一つ、子供の寝る時間を例に考えてみよう。

そろそろ、自分で生活リズムを作る練習を始めたほうがいい時期なら、親が勝って子供が負けるような状況は避けるべきだ。子供はいつまでもすねて、反抗的になるからだ。

そもそも彼らだって、ある程度の制限はあるということはわかっていて、今までの規則からそんなにかけ離れた時間にはならないと知っている。それなら、双方が納得できる時間を見つけるのは可能なはずだ。

次から紹介するいくつかのルールで、交渉術にさらに磨きをかけていこう。目指すは、すべての交渉でウィン・ウィンを実現することだ。たとえ相手が子供でも、相手の望みと思考パターンを理解すれば、交渉で成功するのはずっと簡単になる。

ルール73

複数の変数で交渉する

ルール72で、屋台での値段の交渉を〝単純な交渉〟だと言った。その理由は、交渉の対象が値段だけだからだ。実際の交渉では、値段だけでなく、もっとたくさんの要素が交渉の材料となる。こうした要素を、取り引きの〝変数〟と呼ぶことにしよう。

ビジネスの契約では、値段に加えて、品質、納期、アフターケアなど、さまざまな変数が交渉のテーブルに上がる。それぞれの変数を動かして、双方が納得するポイントを探るのだ。

たとえばあなたが売り手なら、価格は下げるが、その代わりに納期を延ばす、または、相手側に梱包作業をやってもらうという条件を出すといった交渉をする。

交渉の一つの極意は、相手が思いついていない変数を、あなたから提案することだ。

「副議長をつけてあなたの負担を減らすので、議長をもう一年やってもらえませんか？あなたの都合に合わせて、ミーティングを水曜日に変えましょうか？」というように。

子供の寝る時間の交渉でも、こうした交渉を続ければ、子供が交渉のコツをつかみ、自分から変数を提案してくるようになる。その結果、週末の寝る時間は少し遅くすることになるかもしれないし、または宿題をきちんとやれば今より遅くすることになるかもしれない。部屋をきれいに片づける、家事を手伝うという条件もある。

部屋の片づけをしたくないから、寝る時間は今のままでいいと子供が言うなら、それを受け入れること。しかしたいていの子供は、交渉に応じるほうを選ぶだろう。

交渉が成功するかどうかは、適切な変数をどれだけ用意できるかがカギになる。**変数がたくさんあれば、それだけお互いの勝利のポイントが増える**からだ。あなたが十分な数の勝利を収めながら、相手にも勝ったと思ってもらうことができる。

ここで大切なのは、相手にとっていちばん重要な勝利と、自分にとって絶対に外せない勝利を見きわめることだ。たとえば、子供にとっての勝利は寝る時間が三〇分遅くなったことで、あなたにとっての勝利は夕食の皿洗いを子供が引き受けたことだ。

交渉には好きなだけ変数を取り入れることができる。変数が増えれば、それだけ交渉の余地は広がるはずだ。思いつくかぎりの変数を提案しよう。相手は気に入らなければ「ノー」と言えばいいだけなのだ。

ルール74

ギブ・アンド・テイクで交渉する

変数がすべて揃ったら、今度はその変数を動かしていこう。ここからが交渉の本番だ。ここで覚えておくべきことが一つある。それは「何かを与えるなら、必ず何かを取る」だ。交渉とはこうしたトレードオフのくり返しなのだ。

もしクライアントに値下げを要求されたら「納期を延ばしてもいいなら」という条件を出す。または、前払いにしてもらう。こちらは一カ所にだけ配送するので、各事業所への分配は自分でやってもらう、などの条件も考えられる。

反対に、あなたも何かを取るなら、必ず何かを与えなければならない。あなたの目的は、交渉で相手にできるだけいい気分になってもらい、取り引きを成立させること。そして、またあなたと取り引きしたいと思わせることだ。

この種のバランス感覚は、あらゆる交渉で重要になる。あなたは理不尽な要求が通る相手ではないということを、はっきりさせなければならない。同時に、フェアな取り引きをしているかぎり、あなたは現実的で、気持ちのいい交渉相手だということを伝える必要がある。

相手の提案に、ただ「イエス」と答えないこと。「もし〜ならイエスだ」と条件をつける。

もし弟が、父親の病院の送り迎えをやってほしいと言ってきたら、家での世話はやってもらうという条件を出す。同僚が自分のプレゼンを代わりに準備してほしいと言ってきたら、来月に休暇を取るのでその間は自分の顧客をまかせてもいいかと条件を出す。


大切なことを指摘しておこう。すべての交渉が、一目で交渉とわかるわけではない。ビジネスで新しい契約を結ぼうとしているなら間違いなく交渉だとわかるが、子供が寝る時間を遅くしたいと言ってくる、弟が父親の病院の送り迎えをしてほしいと言ってくるといったケースでは、交渉だとは思わないかもしれない。しかしこれは交渉だ。

このルールがあてはまらないのは、無償で何かをしてあげたいときだ。私たちの誰もが、ときには見返りを期待せずに、何かをしてあげたくなることがある。親切心は大切だ。

週に1回、隣に住むお年寄りの買い物を手伝うなら、見返りはいらない。しかし相手が同僚で、代わりにプレゼンの準備を頼まれたなら、見返りを求めて当然だ。

お年寄りはあなたの助けがなければ買い物ができないかもしれないが、同僚はプレゼンの準備ぐらい自分でできるのだから。

ルール75
譲れない点をはっきりさせる

私の知り合いに、小さな出版社を経営する人がいる。ある大手スーパーマーケットが、彼女の会社のある本を数千冊買いたいと言ってきて、彼女は大喜びで交渉を進めた。ところが、彼女が考える最低ラインの価格に、どうしても相手が合意してくれない。結局、彼女はその話を断った。

同業者からは「バカなことをする」と思われたが、彼女の選択は完全に正しい。相手の言い値で合意していたら、大赤字だった。交渉前に最低ラインを確認していたおかげで、大きな間違いをせずにすんだのだ。

譲れない点をはっきりさせるのは、交渉の中では簡単な作業だ。事前に頭を使ってよく考え、さまざまな条件でシミュレーションしてみればいい。当然ながら相手にも譲れない点があり、あなたはそれも把握しておく必要がある。

取り引きを成立させるには、相手も得をする工夫が必要だ。同時に、相手が同意できない要求はしない、利益が出ないレベルまで値切らない、必要以上に時間を使わせないといった配慮が求められる。

相手の譲れない点は、交渉を重ねるうちにわかってくるものだが、たいていの場合、単刀直入に質問するのがいちばんいい方法だ。もちろん、相手が正直に答えるとはかぎらないが、何らかの答えが返ってくれば、それが大きなヒントになる。

お互いの間に信頼関係が築けているなら、または状況が整っていれば、腹の探り合いをせずに、正直に答えてもらえることもあるだろう。

もしかしたらあなた自身が気づいていない、相手が「譲歩してもいい」と思うような切り札があるかもしれない。支払条件のようなわかりやすい場合もあるが、たいていはもっと意外なものだ。

たとえば、あなたの会社がスポンサーになっているサッカーチームのスター選手と写真を撮れるなら、譲歩してもいいと相手は思っているかもしれない。または、工場を見学させてもらいたい、社長の前で顔を立ててもらいたい、スパイダーマンのパジャマが欲しいという要求に応えることが、切り札になるかもしれない。

ルール76

交渉条件の後出しを許さない

交渉の変数とは、てんびん秤《ばかり》の重りのようなものだ。一つの重りを左に動かしたら、他の重りを右に動かしてバランスを取らなければならない。すべての重りの位置が定まったら、握手をして、契約成立だ。

ここで気をつけなければならないことが一つある。それは、契約成立まではどの重りも固定せず、動かせるようにしておくことだ。

たとえば、契約書にサインする前に、値段という重りをある場所に固定したらどうなるだろうか。相手が他の要求を出してきたときに「その場合は値段が上がります」と言えなくなってしまう。値段はすでに固定されているからだ。

だから、契約書にサインするまでは、どの重りも固定してはいけない。「その価格は可能です。これは暫定価格として、今度は納期について話しましょう」などと言えばいい。

気をつけなければならないことはもう一つある。握手をしたところで、相手が突然「ところで、支払いは六〇日後にしてもらいたいのですが」と言ってくることがあるということだ。しまった！　まだ交渉の余地があったのに、こちらの条件はすでに固定してしまった！自分の変数をすべて使ってしまったので、もう他の条件を出すことができない。交渉の達人は、最後まで切り札を隠している。あなたが全部の条件を出して、もう変更できないところで、初めて切り札を出してくるのだ。

こうなると、相手の要求を受け入れるか、または契約そのものを失うしか道けない。相手もそれはよくわかっているのに、たまたま思いついたような顔をして言い出すのだ。

この卑怯な後出しを予防するには、**条件に合意する前に、まだ話し合いたいことがあるかどうか相手に確認することだ。**もし「ない」という答えなら、相手も後出しはできなくなる。

後で何か言ってきても、「もうすべて話し合って合意したはずです。変更はできません」と言えばいい。あなたがはっきり言えば、相手も反論できなくなるだろう。

次に交渉の機会があったとしても、彼らはあなたに後出しは通用しないということがわかっている。

ルール77

相手の逃げ道を用意する

人間にはメンツを失いたくないという思いがある。そのため、合理的な取り引きよりも、メンツを守ることを優先させる人もいる。相手と良好な関係を保ちつつ交渉を成功させたいなら、相手の感情を読み取らなければならない。

ここで、何が相手にとっての勝ちになるのか、よく見きわめなければならない。相手の勝ちをこちらが指摘し、納得してもらうケースもあるだろう。

交渉全体の勝利よりも、ある一点の勝利にこだわる人もいる。あなたは相手の気持ちを読み、相手がメンツを失わないように配慮しなければならない。そうでないと、ある条件が通らなかったというだけの理由で、相手は交渉を放棄するかもしれない。

少し前のルールでも見たように、ここでは相手の望みを知り、相手が意固地になるポイントを探る必要がある。そこで相手に譲る代わりに、あなたの条件も飲んでもらう必要がある。とはいえ、いつでもそれができるわけではない。

たとえば、子供に「寝る時間は九時半にしてほしい」と言われたとしよう。子供の言い分では、友達はみんな九時半に寝ているという。

もしかしたら、子供は実は九時でもかまわないと思っているかもしれない。子供が本当に気にしているのは、友達より早く寝なければならないことかもしれない。

そこであなたは、子供に代わりのカードを持たせてあげればいい。**「寝る時間は九時だけど、でも……」の「でも」以降を用意してあげればいいのだ。可能性は無限にある。**

「いつもは九時だけど、でも長い休みの間は一〇時半になる」

「寝るのは九時だけど、でも部屋をきれいに改装してもらえることになった」

「寝るのは九時だけど、でもお小遣いを上げてもらえることになった」……。

ビジネスの交渉もこれと同じだ。

もしかしたら相手は、上司に約束してしまった値段があるのかもしれない。しかし現実的に考えて、その値段は不可能だ。そこであなたは、こんなふうに言う。

「その値段は難しいのですが、でも支払期日の延期ならできますよ」。こうすれば、相手にも上司へのおみやげができる。つまり、メンツを失わずにすむということだ。逃げ道を用意することで、相手に勝利をプレゼントするのだ。

ルール78

不安を交渉相手に悟らせない

交渉は心理戦でもある。

交渉でウィン・ウィンが大事であることは、あなたにとっては常識かもしれないが、他人も同じ考えであるとはかぎらない。ウィン・ウィンが理想だとわかっていても、あなたほど重視していない可能性もある。

たとえば、あなたは小規模のサプライヤーで、巨大な多国籍企業が交渉相手だとしよう。あなたには最重要の取引先だが、向こうにとってあなたは選択肢の一つでしかない。おそらく向こうは、あなたの感情のことまで考えていないだろう。取り引き成立を目指して努力はしているが、成立しなければ、他のサプライヤーを探すだけだ。この場合、相手にウィン・ウィンの態度は期待できないだろう。

または、子供の寝る時間を例に考えてみよう。子供は親の気持ちなど考えていない。親の愛は絶対だと安心しているからだ。

親の権限で寝る時間を決めることはたしかに可能だが、子供は癇癪を起こしたりすねたりして、親を精神的に追い詰める。よっぽど意志の強い親でなければ、ここでどうしても折れてしまう。

これらのケースは、すべて相手が取り引きをやめる力を持っている。取り引きが成立しなかった場合、落胆する気持ちはあなたのほうがずっと大きい。

ここで絶対にしてはいけないことが一つある。それは、自分の恐怖や心配を相手に悟られることだ。

相手に弱みを握られたら、もう誰もあなたを助けることはできない。相手は好き勝手に要求し、あなたが少しでも渋ったら、取り引きをやめようとする。その結果、どんなに不利な条件でも飲むしかなくなってしまうのだ。

会社を経営するとわかることだが、どうしても契約が必要なときはある。そんなときは恐怖や心配を感じて当然だが、**表向きは平気な顔をしなければならない。**

ぜひ取り引きを成立させたいという意向は伝えながら、もし納得できなければ取りやめる可能性があることを示唆する。もちろん、あなたは取りやめたりしない。しかしその本心を、交渉相手にだけは知られてはならない。

ルール79

不意打ちを許さない

世の中のすべての人が、正直でフェアだったらどんなにいいか。しかし実際のところ、人はどうしても、自分の利益を優先する。中には、明らかに不正な手段を使っても、欲しいものを手に入れようとする人もいる。

自分だけが得をする取り引きのテクニックに〝相手の不意を突く〟という手段がある。企業は、この手をよく使っている。

たとえば旅行の予約や車の購入で、夢のような条件を提示されることがある。「ただし、この条件で売れるのは今から数時間だけ」というのだ。

時間がないというプレッシャーをかけて相手から搾取する手法は、古典的な交渉テクニックだ。罠だと気づいたときにはもう遅いという状況になっている。

実際、目的のはっきりした交渉で、この手法は有効だ。

子供は、親が忙しそうにしているときに、いきなり「就寝時間は九時半にしたい」などと言い出す。このタイミングなら、親もよく考えずに同意するだろうという狙いだ。

会議の席で関係のない案件をいきなり出すという手法もある。反対意見が多い案でも、会議の終わりに提案すれば、どさくさに紛れて通ってしまうかもしれない。みんな時間をかけて話し合うような気分ではないからだ。

普段から警戒を怠らず、この種の作戦に引っかからないようにしなければならない。不本意な合意を結んでしまうだけでなく、相手にまた同じ手段を使う動機を与えてしまう。自分が〝ちょろいカモ〟だということを証明してしまったからだ。

ここで一つ注意がある。相手の手の内を見抜いていることを、わざわざ相手に伝える必要はない。気づかないふりをしていたほうが、相手と良好な関係を保つことができるだろう。ただ、「今その話はできない」「きちんと話し合ったほうがいい案件なので、次回の会議で考えよう」などと言えばいいだけだ。

誰かが不意打ち作戦を使ってきたら、私の友人が愛用している返事が役に立つだろう。相手が同僚でも、友人でも、家族でも、それに子供でも使うことができる。

その友人は、何かを要求され、答えを急かされたら、こう答えるという。

「今すぐに答えが必要なら、答えは『ノー』だ」

4
章

難しい人に
対処するための
21のルール

The
Rules
of
People

どこにでも、扱いの難しい人がいる。
攻撃的だったり、ネガティブだったり、グチっぽかったり、
支配的だったり、何らかの困った性質を持っている。

彼らと付き合うのは骨の折れる作業だ。
ましてや彼らから最高の部分を引き出すなんて不可能だ
――そう思うかもしれない。

これまでに見てきた通り、難しい人に対しても
あなたの態度を変えることで、いい関係を築くことができる。
難しい性格は変えられなくても、味方にすることは可能だ。

難しい人とうまくやれれば、
他の難しい人もあなたを味方だと思うようになって、
いざというときに助けてもらえるかもしれない。

ルール80

あなたが変えられる人はあなただけ

ここからは、さまざまなタイプの難しい人について見ていく。

〝彼らがなぜ難しい人物なのか〟を理解するだけで、ずいぶん楽になるはずだ。加えて、彼らとの付き合いを楽にする戦略を紹介しよう。

まず、最も大切な前提を確認しておきたい。それは、ルール12の「他人は変えられない」ということだ。

心理的に相手を追い詰めるタイプの人物に、その戦略はあなたには通用しないということをわからせることはできる。しかし〝心理作戦で人を追い詰める〟という彼らの性質を変えることは、あなたには不可能だ。それを変えられるのは、彼ら自身しかいない。

相手が自分の子供であっても同じことだ。子供はあなたの思い通りには育たない。その性格を変えられるのは子供自身だけだ。

つまり、以上のことから導き出される結論は一つしかない。**誰かの態度が不快でストレスになるなら、それを解決するのはあなたの仕事であって、彼らの仕事ではない。**あなたが不快になるというのは、あなた自身の問題なのだ。

イヤな気分を味わいたくないなら、自分で対策を立てなければならない。もちろん簡単なことではない。しかし、この事実を認識することが、最初の一歩になる。

あなたはきっと「どうやって？」と思うだろうが、あなたに最適の方法を教えることはできない。あなたの感情を、私が変えることは不可能だ。

ここではヒントとして、最初の一歩となるいくつかの方法を提案しよう。

・難しい相手の話を聞いている〝ふり〟をする。
・相手の言葉が文字になって、自分の上を流れていくようすをイメージする。
・かわいそうな人物だと考える。

あなたにとって役に立ち、しかも誰も傷つけないなら、どんな方法でもかまわない。

ルール81

相手の恐怖を想像する

いつも不機嫌な人がいる。いつも失礼、いつも人の話を聞かない、いつもまったく頼りにならないという人もいる。なぜ彼らはそうなのか。

私の経験から判断するに、こうした人の共通点は〝自分をコントロールできない〟ということだ。彼らの難しさは、彼ら自身でもどうしようもなくなっているのだ。

人は誰でも、自分をコントロールしたいと思っている。しかし、誰でも自分をコントロールできないことがある。いつもできないか、たまにできないかの違いだけだ。

いつもコントロールできない人の場合、自分でコントロールしていないのなら、いったい何が彼らをコントロールしているのか。考えられる犯人はたくさんいる。

たとえば、アルコール、ドラッグ、ギャンブル、買い物だ。いずれも依存性があり、人生を台無しにする危険がある。**何かに依存するというのは本人自身が最も恐怖を感じる状**

況で、しかも自力で抜け出すことは困難だ。

人を支配するものは他にもある。双極性障害や強迫性障害といったメンタルヘルスの問題も人の行動に影響を与え、本人はなすすべがない。

自分自身がそうなった場合を想像してみよう。周りの人は同じ症状を経験したことがないから、まったく理解してくれない。あなたは周りの人に自分の症状を説明できるだろうか。心の病気を告白するのは勇気がいる。

もしかしたら、あなたの周りの困った人は、ただの無礼な人や、性格の悪い人ではないのかもしれない。もしかしたら彼ら自身も、自分をコントロールできなくておびえているのかもしれない。

私に病気の診断はできないが、**難しい人に会うたびに、もしかしたら何かの病気なのかもしれないと考えるようにしている。**そう思えば難しい人たちに対して寛容になり、親切になれるからだ。

もし私の判断が正しいのなら、寛容になって親切にするのが正しい対応だ。私の判断が間違っていて、相手がただの困った人だったとしても、そう考えたほうが、私は気持ちよく付き合うことができる。

ルール82

いじめの心理を理解する

いじめをする人が、他人を犠牲者にする理由は、犠牲者は加害者に従順だからだ。つまり、加害者は支配者になることができる。いじめをする人は、この支配者の感覚を手に入れたいと思っている。

彼らはなぜその感覚を求めるのか。それは、自信がなく、自分の無力さを自覚しているからだ。彼ら自身が人生をコントロールできず、心の中に恐怖を抱えている。

いじめをすると、自分が大きくなったように感じる。事実はそうでないとしても、周りから一目置かれたと感じられる。もちろん、彼らの周囲にいる人は、彼らを尊敬しているわけではなく、自分に被害が及ばないようにそばにいるだけだ。

いじめはどうあっても正当化できない。しかし、いじめをせざるをえない彼らの事情に同情することならできる。

いじめる人の心情を理解すれば、少しは楽になる。彼らが、心に弱さを抱えたかわいそうな人だと思えば、もう相手が怖くなくなるだろう。

もちろん、こちらが相手の心情をおもんばかったところで、いじめが終わるわけではないし、いじめが許されるわけでもない。

これまで、いじめをする人をたくさん見てきたが、幸せな人は一人もいなかった。自信があり、人生を楽しんでいる人は、いじめはしない。それで得るものは何もないからだ。

ときには、いじめをする人の心理を理解するだけで解決につながることもある。もちろん、いじめられている人がそれをするのは、かなり難しいことだ。

そこで、**学校や上司や親が間に入れば問題を解決できるかもしれない。**ここでのカギは、いじめる側の話をよく聞くことだ。彼らが抱えている闇を見つけ、それを解決する手助けをする。

助ける相手が違うと感じるだろうが、周囲が幸せになるなら、そうするべきだろう。

実際、いじめをする人は、たいてい助けを必要としている。いじめは自分を守るための衝動的な行動だ。さらに、彼らのほとんどは、自分のいじめを自覚していない。彼らは自分のことを、むしろ無力な犠牲者だと思っているのだ。

ルール83

話を聞いていることを伝える

あなたはどんな理由で声を荒げるだろうか？

おそらく、あなたはめったに怒らない人だろうが、これは思考実験だ。なぜあなたの本能は、静かに話していては望みの結果を得られないと判断したのだろうか。

たいていの人は「強く言わないと、相手が聞かないから」と答えるだろう。聞かせるための、最も手軽な方法として、声を大きくするわけだ。

次に、あなたが買った商品に何らかの欠陥があった場合を想像してみよう。

あなたは購入した店に行って、返品したいと言った。しかし店員は、欠陥を認めないし、自分の店に修理や交換の責任があるとも考えていない。マニュアルに書かれているような答えをくり返すばかりで、こちらの話はまったく聞かない。

さあ、怒鳴りたくなっただろうか？　もちろんそうだろう。

さらに、同じ場面で別のシナリオを想像してみよう。店員はあなたの説明を熱心に聞き、そして的確な質問をした。この状況で、あなたは怒鳴りたくなるだろうか？

もちろん、そんなことはない。それは、怒鳴る必要がないからだ。店員は話をきちんと聞いているので、あなたは怒鳴らなくても、すでに欲しいものを手に入れている。

大声を出すのは、話を聞いてもらえなくて不満だからだ。だから、**誰かが大声を出したら“話を聞いていないと思われている”と考えて、まず間違いない。**

もし聞いているのなら、聞いていることを相手にわからせる必要がある。途中で口を挟まないとか、確認のために相手の言葉をくり返すとか、うなずくとか、そういうことだ。相手の話を聞き、感情を理解しているということを態度で示すのだ。

そう考えると、世の中に怒鳴られやすい人と、そんなに怒鳴られない人がいる理由も理解できる。

聞き上手は怒鳴られることが少ない。話の途中に口を挟む人や、勝手に結論を出す人、自分の言いたいことだけを言う人は、大声の対象になる。考えてみれば、当然の結果だと言えるだろう。

ルール84
ネガティブな人の役割に目を向ける

私は、ネガティブな人にイライラしがちだ。私自身が正反対のタイプで、挑戦しない理由を探すより、挑戦して失敗するほうを選ぶほうだからだ。

ネガティブな人は陰気で、周りに悪い影響を与える。ネガティブになっていいことなど一つもない——私はずっとそう思っていた。

しかし、ある会社で働いていたときのことだ。その会社は、つねに新製品を発表することで業績を保っていた。そのため、新しいアイデアを次々と出すことが求められた。

しかし、クリエイティブ部門のトップは、とてもネガティブな人だった。どんなアイデアを出しても、必ず悪い面を見る。

仕事を離れた彼はとても明るい人だったが、ミーティングでは、誰かがアイデアを出すたびに、「それはダメだ。なぜなら……」という言葉で話し始めた。私は彼の態度にイライラしていた。しかし、やがて私にもわかってきた。

彼の批判を参考にアイデアに改良を加え、彼の懸念を払拭することができたときは、たいてい売れる商品ができあがる。彼はたしかにネガティブなことばかり言っていたが、部署にとっては欠かせない存在だったのだ。

私は今でも、ネガティブな態度にイライラすることがあるが、ネガティブ思考の必要性も理解できるようになった。製品開発でも、家の購入でも、旅行の準備でも、起業でも、庭の設計でも、転職でも、あらゆるプロジェクトにはネガティブな視点が必要だ。

ネガティブな人が役に立つための条件は、具体的に指摘することだ。「それはうまくいかないよ」と言うだけで、何が悪いのかを説明できない人は、何の役にも立たない。

ネガティブな意見を言う人がいたら、問題を具体的に指摘してもらうようにしよう。

「なぜうまくいかないと思うのか？」「どこが問題か？」「あなたならどこを変えるか？」などと尋ねる。具体的な答えが返ってこなかったら、彼らを無視してかまわない。しかし、具体的な理由の説明があったら、彼らの話はきちんと聞いたほうがいい。

たとえ彼らが間違っていたとしても、プロジェクトを批判的な目で見直すのは、必ずいい結果につながるからだ。

ルール85

コントローラーの言いなりにならない

何でも思い通りにしたがる、いわゆるコントローラーには二種類のタイプがいる。一つのタイプは、几帳面で、あらゆることをリストにして管理するタイプだ。あまりに几帳面でうんざりすることもあるが、コントロールの対象は本人だから、無害な存在だ。問題は、もう一つのタイプだ。彼らは何らかの形で、他人の人生をコントロールしようとする。彼らは、周りが自分に合わせて当然だと思っているから厄介だ。

そもそも、彼らはなぜ他人をコントロールしようとするのだろうか。

一般的に、コントロールフリークと呼ばれる人は、自分の人生をコントロールできない埋め合わせとして、他人の人生をコントロールしている。

コントロールできないのは、現在の人生かもしれないし、過去の経験かもしれない。その代償として、彼らはコントロールできるものに目を向け〝間違っている状況〟(むろん彼らの目から見てだ）〃を正そうとする。

ある意味、彼らはかわいそうな人だが、同情したところで感謝されることはない。

コントローラーは、支配しやすい自尊心の低い人を本能的にかぎ分ける。

だから、**彼らとうまく付き合うコツは、真っ向から抵抗せず、しかし自己主張をはっきりして、言いなりにならないことだ。**

アドバイスには感謝して、後は自分で決めると伝えればいい。または、あなたのやり方は違うということを指摘する。いい悪いの問題ではなく、ただ違うのだと伝える。

「私は、自分のやり方で続けますね。どうもありがとう」。これでいい。

コントロール中毒をやめさせることができるのは、本人しかいない。やめさせようとしても、あなたのストレスがたまるだけで徒労に終わるだろう。

最悪のシナリオは、コントロール中毒の恋人や配偶者を持ってしまうこと。そういう相手を選んだのなら、あなたはきちんと自己主張できなければならない。それでも、まだつらいのなら、その関係は長続きしない。

彼らは、すべてあなたのためだと本心から信じているはずだ。解決策は、本人が自分の問題に気づき、態度を改めることしかない。

ルール86
心理的脅迫に屈しない

あなたは罪悪感を感じやすいタイプだろうか？　または責任感が強いタイプだろうか？　もしそうなら、あなたは心理的脅迫をする人の格好の餌食になる可能性がある。

心理的脅迫とは、情や罪悪感に訴えて、相手を思い通りに操ろうとすることだ。あなたは〝やりたくないことをやる〟それとも〝やらずに罪悪感を持つ〟そのどちらかしかない状況に追い込まれてしまう。

まず覚えておくべきは、心理的脅迫を使う人は依存心が強いということだ。彼らは、あなたの愛を試すために無理難題を押しつけてくる。それは本物の愛ではないが、それでも彼らは、愛の証拠が何もないよりはましだと思っている。

同僚が自分のレポートをあなたに書かせようとするのも心理的脅迫であり、恋人が別れたら自殺すると言ってあなたを脅すのも心理的脅迫だ。

子供を相手に心理的脅迫を使う親もいる。「夕飯を作るのは大変だったのよ。全部食べてくれなかったら悲しいわ」というように。

多くの親は、子供が成人して家を出ても、まだこの手を使っている——「また帰ってくるわよね？　誰も来てくれないから寂しくって」というようにだ。

心理的脅迫に屈しやすい人は、次のことをよく覚えておこう。

脅迫が成功するほど、彼らはますます自分の感情がコントロールできなくなり、心理的脅迫をやめられなくなる。つまり、相手の要求に応じるのは、短期的には相手を喜ばせるが、長い目で見れば相手の問題を長引かせるのだ。

「ノー」と言う勇気を持とう。優しく、しかしきっぱりと言うことは可能だ。

「それは心理的脅迫なのか？」と、単刀直入に尋ねるという方法もあるだろう。家族に心理的脅迫者がいて、深刻な状況なら、相手から完全に離れる必要があるかもしれない。

あなたにとって大切なのは、心理的脅迫を自覚し、自分なりの境界を決めることだ。

他人の感情は、あなたの責任ではない。むしろ「自分の感情は自分の責任だ」と彼らにわからせたほうが、彼らの心の健康のためにもなる。

ルール87

嫉妬は相手の問題だと割り切る

知り合いの女性で、自尊心の低さに苦しんでいる人がいる。そのせいでどの恋愛もうまくいかなかった。自分はパートナーにふさわしくないと思い込んでしまうからだ。

なぜ彼は私なんかと一緒にいたいと思うのだろう？

私の何が気に入ったの？　きっとつまらない人間だとバレてしまうに決まっている。

もう他の女性がいるのかも。先週は仕事で遅くなったって言っていたけど……。

こうして、恋人を失うのを恐れるあまり、嫉妬と束縛が強くなっていく。これだけでも悲しいことだが、次に起こることのほうがもっと悲しい。

相手が嫉妬と束縛に耐えられなくなると、彼女の恐れは現実になる。そして、彼女はますます自信をなくし、自分は誰にも愛されないという思い込みを強化する。

嫉妬深いパートナーや友達、きょうだい、家族は一緒にいると息が詰まる。他の人が持っているものをうらやましいと思うのは普通のことだが、嫉妬は人を苦しめる。そして嫉妬の感情は、たいてい不安や自信のなさから生まれている。

友人関係でも、嫉妬の感情は存在する。特に三人の友達グループで大きな問題になるだろう。他の二人が仲がよく、自分は疎外されていると一人が思い込むようなケースだ。

嫉妬深い人への対策は、相手を怒らせる行動をしないことだが、それにも限度がある。他の女性と仲よくしてパートナーを怒らせてしまったのなら、そのような行動をやめればたしかに効果はあるだろう。しかし、**相手があなたの取るべき行動を決め、あなたをコントロールするようになったら、きちんと境界を決める必要がある。**

嫉妬心は彼ら自身の問題だ。嫉妬心を刺激しないように気をつけることはできるが、問題を解決するのは彼らであって、あなたではない。結局のところ、彼らに必要なのはあなたを信頼することだ。それができなければ、関係は終わりを迎えるしかない。

嫉妬深い友達は、まず安心させてあげることが必要だが、同時に、人を操るようなことをすると、かえって人は遠ざかることも納得してもらわなければならない。

ルール88

無知な人の偏見に傷つかない

どんな人でも、偏見の対象になる可能性がある。黒人、ゲイ、ユダヤ人、女性、シングルマザー、シングルファザー、低学歴、言葉の訛りなど、あらゆる特徴が偏見の対象になり、何の合理的な理由もなく見下されることになる。

あなたに対して偏見を持っているすべての人と対決する必要はない。ここでは、日常的に付き合いのある人だけを対象に考えていこう。

偏見は無知から生まれる。黒人の友人がいるなら、違いは肌の色（そして、そこから生まれた差別の歴史）だけだということがわかる。特定の集団に偏見を持つのは、その集団をよく知らない人だ。よく知らないから、自分の間違いに気づくチャンスもない。

偏見の原因は、たいてい家族や文化の影響だ。**無知によってさらに偏見が大きくなり、その集団の人を避けるようになる。その結果、無知の状態が続くことになるのだ。**

中には偏見に固執し、偏見を覆す事実を絶対に見ようとしない人もいる。たとえば「女性は仕事ができない」と思い込んでいる上司や「同性愛は悪だ」と信じている人などだ。

彼らから偏見の目で見られたとき、あなたはどう対応すればいいのだろうか。

まず、彼らの偏見は彼らの問題であって、自分は関係ないと認識すること。なかなかそうは思えないかもしれないが、彼らの偏見に傷つくことは少なくできる。

彼らの偏見を強化しないことも大切だ。上司が「女性の部下は、すぐ感情的になる」と女性に偏見があり、あなたが女性であるなら、上司の前で泣いたり、上司に頼り切りにならないように気をつける。上司がこの先に出会うすべての女性のために、自分が今立ち上がるのだと考えよう。

偏見をなくすカギは経験だ。偏見は非合理的なものなので、理屈で説明してもどうにもならない。真っ向から批判したら、相手はかえって意固地になるだろう。一対一で説得しようとするのはかえって逆効果だ。

あなたの上司は〝たいていの女性は感情的だが、あなたは例外だ〟と考えるようになるかもしれない。それはあなたが望む結果ではないが、最初の一歩にはなるだろう。

一瞬で偏見を捨てることができる人はめったにいない。だから、高望みをしてはいけない。そして、相手の偏見は自分には関係ないということを忘れないようにしよう。

ルール89

不幸アピールに中立を保つ

「不幸な私」をアピールする人がいる。こうしたくなる理由は、いくつかある。

自尊心が低いこと。

または、自分の価値が正しく認められていないと感じていること。

あるいは、本当に周囲の誰かのせいで、不幸なのかもしれない——。

いずれにせよ、彼らは「自分は不遇だ」「正しく認められていない」と感じている。そして、それを言葉で伝える代わりに、わざとらしくため息をつく。


いつもはそうではないが、たまに〝不幸な私〟になってしまう人がいるなら、あなたが大人になり不満を聞いてあげよう。

「何か不満があるようだけど、話してくれないか」などと言って、会話のきっかけを作る。

もしかしたら、彼らの言い分にも一理あるかもしれない。完全に彼らのわがままだとしても〝話を聞く〟という対処をしたのだから、あなたは前に進むことができる。

厄介なのは、慢性的なタイプだ。低い自尊心を高めるために〝不幸な私〟を演出して、むりやり周囲の人から承認を得ようとする。

彼らは「仕事が忙しい」「上司の扱いがひどい」などとグチを言い、そのせいで自分は不幸だと言おうとしている。周囲の人に「大変なのに偉いね」と承認されるためだ。

この場合、**彼らが望む承認を与えると、かえって「不幸な私」アピールは激しくなる。**これは心理的脅迫だ。彼らは自分の自尊心の低さを他人の責任にしようとしている。


あなたがいくら思いやりのある人だとしても、彼らとは中立的な付き合いにとどめておくこと。たとえば、前日、残業で大変だったとグチをこぼされたなら、ほめもせず、同情もしない。ただ前の晩の天気などの話をして、それで終わりだ。

「不幸な私」をアピールする人は、たしかに不幸だ。しかし、この種の不幸に関して、あなたにできることは何もない。

あなたにできるのは、彼らが欲しがっている称賛や同情を与えず、あなた自身を守ることだ。もし、どうしても何かしたいのなら「きみには専門家（プロのセラピストなど）の助けが必要だよ」とアドバイスしてあげればいい。

ルール90

繊細な人に繊細に接する

かつて一緒に働いていた男性は、ささいなことですぐに涙ぐんだ。ニュースで悲しい話を見たり、チームの誰かから批判らしきことを言われただけで涙ぐむ。彼と一緒に仕事をするのはなかなか厄介だった。

あなた自身が繊細なタイプでないなら、彼らは理解できないだろう。彼らを「難しい人」に含めたのはそのためだ。しかし、他の難しいタイプと違って、繊細な人は何も悪いことはしていない。この性格は生まれつきであり、周りは合わせるしかない。

それに繊細であることは、強みでもある。彼らは、ある種の問題が起こる前に気づくことができる。共感力が高いので外交官のような役割も得意だ。繊細な人が、自分が接してほしいように他人に接したら、イヤな思いをする人はまずいない。

問題は、あなたが彼らを傷つけてしまうことだ。

彼らを傷つけないのは、彼らと同じように繊細な人だけであり、おそらくあなたはそこまで繊細ではない。だから気をつけなければならない。

まず認識しておくべきは、彼らはささいな批判に傷ついて、気に病むということだ。しかし、いい面もある。彼らは察する能力が高いので、すべて説明しなくても理解する。彼らに対するときには、問題を指摘するのではなく、相手に自分で気づかせる。

「この部分に向上の余地がありそうだね。何か提案はあるかな?」などと言えば、具体的な指摘は本人がするはずだ。あなたはただそれに同意するだけでいい。

このとき、言葉の選び方に注意してもらいたい。右の例では「あなたに向上の余地がある」とは言っていない。ただ、もっとよくする方法の意見を求めているだけだ。

一般的に、極度に繊細な人を相手にするときは、**ムチよりもアメを活用するべきだ。自分が望まないことではなく、望むことを伝えるといい。**

知り合いの小学校の先生は、怒鳴ってはいけない生徒のリストを作っているという。彼らは繊細で、怒鳴られるとおびえてしまうからだ。

あなたも、極度に繊細な人のリストは作っておくべきだ。機嫌が悪くて誰かに当たってしまいそうなときは、リストに載っている人と顔を合わせないようにしよう。

ルール91

話を聞かない人の話を聞く

知り合いの夫婦は、ほとんどケンカをしないというのだが、ごくたまに、いつも同じ理由で口論になるという。

夫が妻に「きみは僕の話を聞いていない」と不平を言う。たしかに、妻はほとんど話を聞かないのだが、私は理由を知っている。夫の話はいつも同じで、退屈だからだ。

そして、夫が何度も同じ話をする理由も、私は知っている。それは、妻がまったく話を聞かないからだ。

話を聞くという行為は、双方の協力がないと成立しない。この夫婦の例で考えると、責任は半々ということになるだろう。

もし周りにいつも話を聞かない人がいるのなら、あなたのほうが何かを変える必要がある。そうでないと、いつまでたっても何も変わらないだろう。

彼らがあなたの話を聞かないのには理由がある。その理由を見つけなければならない。

あなたは彼らの権威をないがしろにしていないだろうか？

彼らを批判したり、人前で恥をかかせたりしていないだろうか？

理由は何であれ、その理由をもとに対策を立てる。言い方を変えたり、一対一で話す、もっと簡潔に伝える、といった方法だ。


相手が話を聞かないと言いながら、あなたは一方的に話そうとしていないだろうか。そもそも、**きちんと会話が成立していれば、相手もあなたの話を聞かないわけにはいかないはずだ。**

だから、興味深い会話を続けるテクニックを使う必要がある。代表的なのは、質問をする、相手に同意するといった方法だが、ここで最も重要なテクニックを教えよう。

それは、相手の話を聞くことだ。そう、相手が話を聞かないと文句を言うのなら、自分が同じことをしてはいけない。もし彼らの話が聞けないのなら、あなたも彼らと同罪ということになる。

ルール92

受動的攻撃を見抜く

まだ一〇代だったころ、家に帰るのが遅くなったことがあった。ちょうどわが家に泊まっていた年輩の親戚が、その翌朝、朝食の席で私にこう言った。

「昨夜は楽しかったのかしら？　夜中の二時二〇分まで帰ってこなかったのだから、きっと楽しかったんでしょうね」

普通に聞けばただの楽しい会話だが、もちろん私は言外の意味に気づいていた。時間まで正確に、しかも、わざわざ私の母親の前でそう言ったのだ。

このように直接的な対決を避けながら、相手を攻撃する行動を〝受動的攻撃〟と呼ぶ。

誰でも、こうした行動をすることはあるものだが、受動的攻撃という手段でしか不満を解消できない人がいる。

彼らは争いを恐れるあまり、こうした手段で解消しようとする。しかし、この手の行動は、問題解決の役には立たない。その場の空気を悪くするだけである。

身近な人が受動的攻撃をするタイプだったら、どうすればいいのだろうか。

第一歩は、相手の行動が受動的攻撃であると見抜くことだ。見抜いていないと、相手の行動をたしなめたときに余計な罪悪感を持つことになってしまうからだ。

ユーモアが役に立つこともある。**わが家では、誰かがこの手を使うと「受動的攻撃は通用しないよ！」とジョークを言うことになっている。**こう言われたら、もう同じ行動を続けることは難しくなる。

常習犯に対しては、不満を率直に伝えても争いにはならないと、相手にきちんと伝える必要がある。彼らは、争いの可能性があるかぎりは受動的攻撃を続けるからだ。ただ事実を淡々と伝え、ウィン・ウィンの解決を目指していることを納得してもらおう。

どんなことがあっても、仕返しだけはしてはいけない。

たとえば「叔母さんこそ、そんな遅くまで起きてるなんて、お楽しみだったんですか」、などと皮肉まじりに伝えることだ。そんなことをしたら、あなたが受動的攻撃性が強い人物だということになってしまう。それでは今までの努力が台無しだ。

ルール93

上から目線に冷静に対処する

見下されたと感じることはあるだろうか。もしあったら、まず注意しなければならないのは、あなた自身に原因があるかもしれないということだ。

たとえば、仕事ができない人のように扱われることに不満を持ちながら、いざ仕事をまかされると人に頼ってばかりいるのなら、そう思われてもしかたがない。見下されないように自分自身を改めるのも大切だ。

見下す人というのは、必ずしも意図的に見下しているとはかぎらない。一般的に、意図的でない見下しは、親切や優しさの仮面をかぶっている。

たとえば、相手が求めていないのに、道路を横断するときに手を貸すのは、見下しているのと同じだ。相手は親切のつもりでやっているのだから、むげに断ってはいけない。「大丈夫、自分で歩けます。ご親切に感謝します」というように感謝を伝えよう。

お年寄りや子供、障害者、女性といった立場の人は、自分ではなく同行者ばかりに話しかけられるという経験をすることがある。

ここでは同行者の行動がカギを握る。相手の質問をあなたに振り、あなたが答えれば、相手もあなたを見下してはいけないということに気づくだろう。

ささいなことで大げさにほめるのも、典型的な見下しの一つだ。女性はパートナーに対してよくこれをやる。トイレットペーパーを交換した、掃除機をかけた、赤ちゃんをお風呂に入れたといったささいなことで、大げさにほめるのだ。

これはつまり、そんな能力はないと思っていたということだ。女性蔑視の男性も、女性に対して同じことをする。縦列駐車や電球を交換したことを大げさにほめるのだ。

電球の交換程度のことで、大げさにほめる人がいたら「それはあなたにとって難しいことなのか」と質問してみよう。そうすれば失礼だったと気づくかもしれない。

もしそれでも気づかないようなら、実績を通して自分を見る目を変えてもらう必要がある。時間はかかるが、彼らもいずれは、掃除機をかけるのも、縦列駐車も、あなたにとって特に難しいことではないと気づくだろう。

ルール94

ナルシストと距離を取る

ナルシストと聞くと、すぐに思い浮かぶ人が何人かいるのではないだろうか。

彼らは、とにかく自分が宇宙の中心かのように扱われないと気がすまない。そして、関係ないことまで、自分に関連づけて考える。共感力に欠け、他人の気持ちを想像することができない。彼らが興味を持つのは、自分をよく見せるものだけだ。

あなたのパートナーや上司がナルシストだったら、つらい思いをしているはずだ。

彼らは〝自分があなたのためにできること〟には興味がない。ただ〝あなたが自分のために何をするか〟だけに興味がある。忠誠心を求めて、自分は何も貢献しない。人の話をまったく聞かないが、自分の話を聞くことを求める。

ナルシストは、自分に同意する人しか好きにならない。まったく批判を受け入れず、自分と違う意見の持ち主は徹底的に排除する。意見の相違を、個人攻撃と受け取るからだ。

ナルシストの取り扱いのコツ、それはとにかく避けることだ。

彼らと議論するのは時間の無駄だ。ナルシストは絶対に負けを受け入れない。だから口論になったらすぐに引き下がるか、そもそも最初から口論を始めないのがいちばんだ。

そして、もっと巧妙に欲しい結果を手に入れる方法を考えよう。彼らのエゴを満足させるような方法が望ましい。それがナルシストを動かすいちばんの方法だからだ。

ナルシストに報復しようとしてはいけない。彼らの自己中心性を指摘しても、絶対にいい結果にはつながらない。

あなたが、どんなに正しくても、彼らはそれをこの上ない屈辱と受け取り、必ずあなたに報復するだろう。そして、勝つのは彼らだ。なぜなら、勝ちたいという気持ちが、彼らのほうがずっと強いからだ。

本物のナルシストは、心理療法士でも理解不能だ。彼らは、自己イメージを保つために、事実と虚構の境界さえあいまいにする。自分は誰よりも優れているので、特別扱いを受けて当然であり、法律さえ超えた存在だと信じている。

身近にナルシストがいる人は、彼らを変えられるとは思ってはいけない。とにかく自分を守ることを優先しよう。できるかぎり距離を取るしかない。幸運を祈る。

ルール95

グチを言う人に問題解決に参加させる

どうやら私は、グチっぽい人への耐性が人一倍低いようだ。とにかくイライラしてしまう。何がそんなに気に入らないのか、具体的に説明しよう。

たまにグチを言うぐらいならかまわない。誰でもやっていることだ。たいていの人は、すっきりしたら、問題解決に向かっていく。

私が問題にしているのは、グチをくり返すだけで、そこから先には進まない人たちだ。どんなに厄介な問題でも、改善の余地は必ずある。しかし、行動を起こさなければ何も始まらない。彼らは、問題を解決しようとしないことで、問題をさらに悪化させている。

これまで出会ったグチばかり言う人を思い出してみると、共通点は〝変化を嫌う〟ということだ。グチを言うばかりで問題解決に進めないのは、変化を避けるからだ。

問題を解決するには、今までと違ったことをしなければならない。彼らはそれを恐れている。

この手の人たちへの対処法は、まず変化は怖くないと安心させることだ。「それほど大きな変化ではない」「これで実現する未来を想像してみよう」などと言い、相手の心の準備ができるまでじっと待つ。変化が大きいほど、待ち時間も長くなるだろう。そして次に、解決策を考えさせる。**グチをくり返すなら、そのたびに「じゃあどうすればいいと思う？」と質問すればいい。**

明るい未来を想像させるという方法もある。もしも、相手が引っ越しに反対している子供だったら、「引っ越せば、もっと広い部屋が持てるよ。壁の色をどうするか一緒に考えよう」というように。本人と一緒に未来を考えるのもいい方法だ。

グチばかり言う人は、つねに自分の権利が脅かされているように感じている。

会社員であれば、自分のチームを家族のように思っている人が多い。上からの命令で変化を押しつけられると（彼らはそう感じている）、大事な〝家族〟の権利侵害だと考える。

変化とは、部署のリストラかもしれないし、あるいは備品の棚を移動することかもしれない。彼らには、変化に貢献する役割を与えるのが得策だ。もしかしたら、それで彼らを黙らせることができるかもしれない。

ルール96

グチの競争に参加しない

グチばかり言う人に似ているが、さらに厄介なタイプがいる。一見するとグチを言っているようなのだが、実は別の動機がある。次のような会話に覚えはあるだろうか？

A：「昨日は家に着くのが一〇時になってしまったよ」
B：「俺なんか月曜は一〇時半だったよ」
A：「しかも今朝は八時から働いてる」
B：「俺は今週いっぱいずっと八時出社だよ」
A：「まったくな。でも俺なんか別の支社へ行くのに三時間も運転したからくたくただよ」

これが〝競争的なグチ〟だ。まるでコントだが、モンティ・パイソン（イギリスを代表するコメディグループ）のコントにも登場する。年寄りが集まって、誰がいちばん悲惨な子供時代を送ったかを競い合うという内容だ。

「わしなんか道路の真ん中に捨てられた紙袋の中で育ったんじゃよ……」

彼らはルール89の「不幸な私」タイプに近い。彼らが欲しがる反応を与えてしまうと、さらに調子に乗る。だから、とにかく無視するにかぎる。

〝競争的なグチ〟は、きょうだい間でよく発生する。彼らは親の関心をめぐってライバル関係でもあるからだ。親であるあなたは、時間とごほうびを平等に分け与えているか、折にふれて確認する必要がある。

普段はグチを言わず、この手の競争を自分から仕掛けることはないのに、誰かがグチを言い始めると、なぜか負けられないと思ってしまう人がいる。自分のほうが苦労していると主張せずにはいられなくなるのだ。

もしかしたら、彼らは本当に、苦労に見合う称賛を得ておらず、もっと彼らをほめたほうがいいのかもしれない。これは考えてみる価値のある問題だ。普段は黙って耐えているのだったら、彼らをほめてもグチが悪化することはないだろう。

ルール97 秘密を聞き出そうとしない

自分のことをあまり話したがらない人はたくさんいる。それはかまわない。同僚に私生活を打ち明ける義務はないし、家族に心の内を見せなくても一向にかまわない。ここで話すのは、彼らのことではない。この章のテーマは難しい人だ。

〝難しい秘密主義者〟とは、どのような人のことだろうか。

彼らが隠す情報とは、彼らが持っているとあなたが知っている情報ではない。あなたは、彼らが情報を隠していることに気づかない。何かありそうだと感じるが、それが何であるかはわからない。

しかし彼らは、あなたが欲しがっている情報を自分が持っていることを自覚していて、そのうえで教えないという選択をしている。

そうする理由は、情報を隠すことで、あなたに対する力が手に入るからだ。力を持っているという事実に密かにワクワクし、いざというときに切り札として使うこともできる。

相手が同僚で、あなたがやりたがるような新しい仕事が入ることを知っている。しかし相手は、その情報をあなたに教えない。他の誰かを有利にするためかもしれないし、あるいはただ単にあなたの不利だけを狙っているのかもしれない。

不倫をする人というのは、典型的な秘密主義者だ。彼らにとって、不倫はおいしい秘密だ。〝誰も知らないことを知っている〟という感覚に舞い上がって、何かの力を手に入れたような気分になっている。

この手の秘密主義者に対抗するにはどうすればいいだろうか。

まずできないことから見ていこう。それは、相手から秘密を聞き出すことだ。聞き出そうとしたとたんに、あなたは相手の力の支配下に入ることになる。

正しい対策は、自分が情報を欲しがっていると、相手に思わせないことだ。秘密主義者のことは、信用せず、あてにもせず、他のところから情報を仕入れよう。

彼らが思わせぶりなことを言っても、すべて無視する。〝自分はあなたが欲しがるものを持っていなかった〟と思わせることができれば、彼らは動機を失うことになる。そして大切なのは、あなたにとって、彼らの存在が気にならなくなるということだ。

秘密主義の性格は変えられないかもしれないが、彼らの力を奪うことはできる。

ルール98

勝ちへのこだわりを捨てる

私の友人に、実の兄と一緒にいるのに耐えられないという人がいる。なぜなら彼の兄は、あらゆることで張り合ってくるからだ。誰がいちばん稼いでいるか、誰がいちばん高い車に乗っているか、誰がいちばんいい家に住んでいるか……。

この友人の兄は、お金に関することで張り合っているが、スポーツで張り合う人もいれば、趣味で張り合う人もいる。

「どこのカメラを使ってるんだ？」

「私のほうが模型列車をたくさん持っている」

子育てで張り合う人もいる。

「いちばん早くオムツが取れた子は？」

「学校の成績がいちばんいい子は？」

こうした行動には理由がある。彼らは子供のころに、勝つと認められ、称賛される経験をした。彼らの中でも不運な子供は、勝てなかったときは、厳しい罰を与えられた。つまり、彼らの競争的な性格は、あなたと何の関係もない。

うんざりするほど張り合ってくる人がいるなら、悪いのは相手のほうだ。そういう人へ対応する力を向上させるのが、早道だ――相手に何を言われても、自信を持って受け流す。笑ってすませる。むしろ相手をかわいそうだと思う。

もし張り合いたくなってしまうのなら、あなたも子供時代に同じような経験をしたのかもしれない。その場合、勝ち負けが大事という価値観を捨てるのは難しいだろう。しかし勝ちへのこだわりを捨てたほうが、あなたは幸せになれる。


私自身が、この手の人に対してよく使う方法がある。すべての人が使えるかどうかはわからないが、私の役には立っている。その方法とは〝逆の方向で張り合う〟ことだ。

「うちの子は一八カ月でトイレトレーニングを始めたよ」

「え、そうなの？　うちなんて二歳になるまで考えもしなかったよ」

これをやれば、「自分は勝った」と彼らは満足して黙ってくれる。そして私のほうも、内心「勝った」と思って楽しんでいる。イライラするよりずっといい方法だ。

ルール99

巧みに人を操る人に「ノー」と言う

本書の主眼は、人を味方につけることだ。それは、人を操ることだと思うかもしれないが、私の言い分を聞いてもらいたい。

私が本書で推奨している方法は、相手に害を与えるものではない。むしろ、相手のためになるものだ。私なら、「操る」ではなく、「影響を与える」という表現を使いたい。

さあ、これで私の自己弁護は終わりだ。ここからは〝操る〟という行為についてさらに詳しく見ていこう。

人を操る人というのは、過去の経験を通して、欲しいものを手に入れるには他人を操るのがいちばんだと確信するにいたった。それは間違いなく言えることだ。職場の同僚、配偶者や恋人……、彼らは意外と身近にいるかもしれない。

この種の人々は、他人をコントロールする斬新な方法を思いつく。相手が自分を操っていると確信したとしても、あなたはそれを証明することはできない。

彼らはあまりにも口がうまいし、絶対に自分の責任を認めない。むしろあなたのほうに問題があると思わせようとする。彼らは、あなたの弱点を見抜き、ウソの情報を流す。

人を操るタイプは、マイナーリーグ級でもかなり厄介な相手だ。それが大リーグ級にもなると、まさに悪夢としか言いようがない。

そんな強敵と、いったいどうやって渡り合っていけばいいのか。**最初に気をつけるべきは、相手の策略にはまり「自分のせいだ」と思い込まないこと。**

次にするべきは、彼らのお得意の策略を見抜くことだ。そして、彼らがそれを使ってきたときに、自分がどう反応するかを前もって決めておくことにしよう。

相手が職場の同僚で、あなたの手柄を奪うのなら、普段から上司への報告をメールで伝え、自分の手柄だという証拠を残すようにする。

自分の言いたいことをあなたの口から言わせようとするなら〝あなたは自分の言いたいことだけを言わせる〟ということを、相手にはっきり伝えよう。

うまいことを言ってあなたに取り入ろうとする人、あなたの感情を操ろうとする人に、きっぱり「ノー」と言えるようになろう。言い訳は必要ない。究極的には、この手の人を徹底的に避けることだ。

ルール100

難しい人に忙しくしてもらう

問題のある上司の下で働くのは骨が折れることだ。しかし、彼らが他のことに気を取られているときは、それほど厄介な存在ではない。

つまり、面倒な人の対策は、彼らに忙しくしていてもらうということになる。

たとえば、家族の集まりがあり、義理の姉が厄介な存在なら、彼女に旅行の手配をすべてまかせる。あなたに役割分担を決める権限がないとしても、提案はできるだろう。「旅行の手配はアリがいいんじゃないかしら？　ねえ、アリ。あなたはきちんとしてるから、ぜひやってもらいたいの。今回は人数が多いし、ギリギリになって不備が見つかったら大変でしょう？　あなたなら安心してまかせられるわ」というように。

難しい人に何か仕事を与え、彼らを物理的に引き離すという方法も役に立つことがある。何かを調べに行ってもらったり、会場の候補の下見に行ってもらったりするのだ。

難しい人にもいろいろなタイプがいるが、どんなタイプであれ、拒絶されるよりも大切にされたほうが、周りに面倒をかけることが少なくなる。

たとえば、あなたは大きな展示会の準備をしているとしよう。あなたが扱いにくいメンバーを避けていたら、その人は疎外されたと感じ、不満を募らせる。

その代わりに、たとえばブースに展示する製品の管理をまかせれば、その人はチームの一員として認められていると感じることができる。

ここで大切なのは、能力が認められたから仕事をまかされたのだと、彼らに信じさせることだ。経験豊富で段取りがいい、こまかいことによく気がつくと言って長所を指摘し、だからまかせるのだと伝える。彼らが自分の仕事に誇りを持ち、喜んで働いていれば、他のメンバーの人生もずいぶん楽になる。

問題のメンバーが忙しくしていれば、残りのメンバーは安心してのびのびと働ける。その結果、チームの結束が強まり、さらにいい仕事ができるようになるのだ。

問題のメンバーも、チームに貢献した体験をすれば、次からはもう少し協力的になるかもしれない。

できる人の人を動かす方法 The Rules of People

発行日 2017年 12月 15日 第1刷

Author リチャード・テンプラー

Translator 桜田直美
Book Designer 長坂勇司

Publication 株式会社ディスカヴァー・トゥエンティワン
〒102-0093 東京都千代田区平河町2-16-1 平河町森タワー11F
TEL 03-3237-8321（代表）
FAX 03-3237-8323
http://www.d21.co.jp

Publisher 干場弓子
Editor 原典宏

Marketing Group
Staff 小田孝文 井筒浩 千葉潤子 飯田智樹 佐藤昌幸 谷口奈緒美 古矢薫 蛯原昇 安永智洋 鍋田匠伴 榊原僚 佐竹祐哉 廣内悠理 梅本翔太 田中姫菜 橋本莉奈 川島理 庄司知世 谷中卓 小田木もも

Productive Group
Staff 藤田浩芳 千葉正幸 林秀樹 三谷祐一 大山聡子 大竹朝子 堀部直人 林拓馬 塔下太朗 松石悠 木下智尋 渡辺基志

E-Business Group
Staff 松原史与志 中澤泰宏 伊東佑真 牧野類

Global & Public Relations Group
Staff 郭迪 田中亜紀 杉田彰子 倉田華 李瑋玲

Operations & Accounting Group
Staff 山中麻吏 吉澤道子 小関勝則 西川なつか 奥田千晶 池田望 福永友紀

Assistant Staff
俵敬子 町田加奈子 丸山香織 小林里美 井澤徳子 藤井多穂子 藤井かおり 葛目美枝子 伊藤香 常徳すみ 鈴木洋子 内山典子 石橋佐知子 伊藤由美 押切芽生 小川弘代 越野志絵良 林玉緒 小木曽礼丈

Proofreader 文字工房燦光
DTP アーティザンカンパニー株式会社
Printing 中央精版印刷株式会社

ISBN978-4-7993-2203-1